清华·政治经济学研究丛书

主编：李帮喜 王生升 赵峰

价值理论的现代分析

Modern Analysis of Value Theory

〔日〕藤森赖明 著

陈旸 李帮喜 赵峰 译

张衔 校

社会科学文献出版社

SOCIAL SCIENCES ACADEMIC PRESS (CHINA)

清华·政治经济学研究丛书

丛 书 主 编：李帮喜（清华大学）

王生升（南开大学）

赵 峰（中国人民大学）

丛 书 顾 问（按姓氏拼音）：

白暴力（北京师范大学）

蔡继明（清华大学）

方 敏（北京大学）

刘凤义（南开大学）

卢 荻（英国伦敦大学）

孟 捷（复旦大学）

邱海平（中国人民大学）

荣兆梓（安徽大学）

张 衔（四川大学）

张忠任（日本岛根县立大学）

丛书支持单位：清华大学社会科学学院经济学研究所

丛书出版说明

　　"清华·政治经济学研究丛书"是清华大学社会科学学院经济学研究所与社会科学文献出版社共同策划的系列丛书。本丛书秉持马克思主义的核心指导思想，作为国内外中青年政治经济学学者优秀成果和国外优秀政治经济学译著的学术出版平台，内容涵盖马克思主义政治经济学、后凯恩斯主义经济学、中国特色社会主义政治经济学等方面的基础理论及经验研究。我们希望这套丛书能推动国内政治经济学研究的创新、发展，提升学科的国际化水平，总结建设中国特色社会主义实践中的经验，对相关问题进行研究和探索，力求有所创新和突破；同时成为国内政经"青椒"（青年教师）展现和交流优秀学术成果的一个窗口。

译者序

从 20 世纪 50～60 年代开始，日本出现了一大批的数理政治经济学研究成果。这些研究明确反对新古典主义经济学传统，主张遵循马克思的经济思想，结合斯拉法的分析方法、投入产出分析和现代数学方法（特别是线性规划方法和非负矩阵理论）来处理马克思主义政治经济学的诸多经典问题。经过以越村信三郎（Shinzaburo Koshimura，横滨国立大学）、置盐信雄（Nobuo Okishio，神户大学）、森岛通夫（Michio Morishima，大阪大学）、藤森赖明（Yoriaki Fujimori，早稻田大学）和中谷武（Takeshi Nakatani，神户大学）等为代表的两代日本马克思主义经济学家的努力，现代数理政治经济学派在 20 世纪 80 年代逐渐形成规范成熟的学科体系，成为具有广泛国际影响的马克思主义经济学流派。虽然越村、森岛的一些著作在 20 世纪 80 年代已有中文译本，但是总体而言，国内对这个学派工作的了解仍然不算充分，可能还存在一些误解，比如对著名的"置盐定理"的内容和相关理论的争论等。本书正是这一学派的代表作之一，我们希望其译介有助于学界同仁加深对该学派的了解，也可以对有兴趣的同仁和学生的研究有所帮助。

本书作者藤森赖明是日本早稻田大学的教授，是日本具有国际影响力和声誉的数理政治经济学家。他在本书一开始就宣称，"研究马克思价值理论在现代语境下的发展"。藤森先生在本书中，将"冯·诺依曼体系"引入马克思的价值分析。在该体系下，各种（线性）生产技术是可选择的，存在当期未能耗竭的固定资本，以及一个生产过程可以生产出一种以上产品的联合生产方式。为了在这样一个更宽松也更接近现实世界的假设下进行研究，他使用了更加复杂的数学方法，使得本书的技术性非常强，这无疑大大增加了读者的阅读难度。虽然数学是一个坏的"主人"，但是在研究中数学方法是一个很好的工具。在某些马克思主义经济学命题中，数学模型的精确性有着无法替代的优势。例如，对于复杂劳动和简单劳动的折算问题、级差地租理论等，传统理论大多只是从性质上进行了分析，而对数量关系没有进一步展开探究。本书借助数学模型在一定程度上推进了上述问题的解决，从而促进了马克思主义政治经济学的科学发展。

在本书即将出版之际，藤森先生不幸于 2021 年 7 月 20 日在东京因病逝世，享年 75 岁。先生一直对中国友好，真诚关心和支持中国政治经济学年轻学者的成长和发展；也积极开展与中国政治经济学者的交流与合作，为推动中国数理政治经济学的繁荣和发展无私奉献。患病三年以来，先生一直积极乐观面对病痛，直至生命的最后一刻仍然在孜孜不倦地工作，先生的精神不朽，是我辈楷模。三位译者长期获得藤森先生很多无私的关心和帮助，谨以此译稿纪念先生，先生千古！

最后感谢社会科学文献出版社的恽薇女士、陈凤玲女士、田康先生对本书的支持。

陈　旸　李帮喜　赵　峰

2021 年 8 月

前言（英文原版）

本书主要研究马克思价值理论在现代语境下的发展。

如今，关于马克思价值理论的论争发展到了第三阶段。第一阶段以庞·巴维克（Eugen von Böhm Bawerk）的批评为代表，第二阶段于第二次世界大战后不久由萨缪尔森（Paul A. Samuelson）再次提起。在第二阶段，置盐信雄（Nobuo Okishio）以及森岛通夫（Michio Morishima）和塞顿（Francis Seton）将马克思经济学置于里昂惕夫经济体系中，讨论了一些基本结果并进行了数理化。第三阶段，森岛以冯·诺伊曼（John von Neumann）的理论为基础发展了马克思的价值理论。

本书第一至第四章，简要地概括了从里昂惕夫到冯·诺伊曼体系下，马克思价值理论的基本观点。

基于上述内容，第五章和第六章分别阐述了熟练劳动和异质劳动的还原以及马克思的级差地租理论。这些主题，特别是还原问题，在其他文献中并没有得到充分的论述。

我们要论述的重点，尤其是前五章的重点，是所谓的马克思基本定理及其对偶性，也就是以价值和价格体系之对偶为基础的价格和数量体系的对偶。同时，作者亦将试论马克思价值理论超史性的一面，这有助于我们理解一般商品生产。

在此特别致谢越村信三郎（Shinzaburo Koshimura）、赫特耶（A. Heertje）、森岛通夫、弗思（D. Furth）、村田安雄（Yasuo Murata）、克劳斯（U. Krause）、斯蒂德曼（I. Steedman）诸教授，感谢他们的鼓励和在初稿阶段的帮助。同时亦感谢通过各种讨论及书信往来给作者以诸多启发的朋友，他们的名字在此没有一一列出。当然，文责自负。

藤森赖明

1982 年 7 月于东京

主要说明

1. 在无特别注明的情况下，本书使用下列记述方法。

（1）每章均为一个独立的整体，文中"接下来""以上"或类似的表达方式不涉及前后的章节。

（2）一旦提出假设，此假设在该章默认为成立，不需在定理的陈述中再次说明。

（3）记述推论时，前提条件是被省略的，因为它们和之前提及的定理或命题是统一的。

（4）重要的变量由等式或不等式的解确定。为描述诸如此类的等式或不等式体系，需要用到虚拟变量。利用此类虚拟变量表述已定义的概念可以节约术语符号的数量。

（5）括号内的标号代表方程体系。例如，对于方程体系（2），体系中的方程以字母顺序依次表示为（2a）、（2b）、…。

线性规划问题，如（*a）、（*b）等，表示问题的约束。

（6）Max {…} 和 Min {…} 表示线性规划问题。max {…} 和 min {…} 则表示标量的最大和最小值。

（7）当出现跨章节的注释时，如第五章中提及的数学表达，将以定理 Ⅴ-Ⅱ、命题 Ⅴ-7 等形式表示。而在同一章中，章的符号将不出现。

2. 数学符号含义如下。

（1）逻辑符号：

$$\exists \quad 存在$$

$$\forall \quad 所有$$

$$\Rightarrow \quad 意味着$$

$$\Leftrightarrow \quad 等价于$$

（2）无特别注明的情况下，做如下表述：

$\mathbb{R}^m$（$^m\mathbb{R}$）	m 维列（行）向量集合
0^n（0_n）	n 维列（行）零向量
1^n（1_n）	n 维列（行）求和向量①
I	单位矩阵
e^i	单位向量，第 i 个元素为 1
a_i，$(a)_i$	向量 a 的第 i 个元素
A^j	矩阵 A 的第 j 列
$\hat{a}$	由向量 a 组成的对角矩阵
$'A$	矩阵（向量）A 的转置
$p(A)$	矩阵 A 的 Frobenius 根
$\theta(A)$，$\theta('A)$	矩阵 A 的右（左）Frobenius 向量
$R(A)$	矩阵 A 的列向量张成的空间
A^-	矩阵 A 的广义逆矩阵

---

① 元素全为 1 的向量。——译者注

$\in$	属于
$\mathbb{R}^m_+, {}^m\mathbb{R}_+$	m 维空间的第一象限
$x > y$	对于所有 i，满足 $x_i > y_i$
$x \gneqq y$	对于所有 i，满足 $x_i \geqq y_i$，且存在 i，满足 $x_i > y_i$
$x \geqq y$	对于所有 i，满足 $x_i \geqq y_i$
l. c. m.	最小公倍数
card.	集合的基数

（3）主要符号如下：

A	投入矩阵
B	产出矩阵
F	工资品向量（矩阵）
L	劳动向量（矩阵）
$M = A + FL$	增广投入矩阵
w	（M_1-）价值向量
Λ	最优（M_4-）价值向量
p	价格向量
x	强度（产出）向量
π	利润率
g	增长率
μ	剩余价值率
η	剩余劳动率

符号将随着概念表达的内容做适当变更。

符号的详细含义将在文中逐一列出。

导　言

1. 经济现象往往表现为产品或商品¹⁾之间的关系。经济学中的
诸多概念，如价格、利润、地租等都涉及商品之间的关系。马克思
则提问：该如何理解，特别是通过人的角度来理解这些产品间的
关系？

马克思自己的解答是，人与人之间的相互关系表现为基于等价
交换的市场中的一系列经济关系。人的关系是经济关系的基础，并
调节着经济关系。这种调节方式，马克思称为价值规律。马克思的
价值理论就是他对价值规律所进行的概念化。我们先简要地概括一
下价值规律。

2. 价值规律的基本核心是劳动。人类生存的基础是人们需要
某些物质来满足需要和欲望，从而延续生命。这主要体现为人类和
自然之间的新陈代谢过程：人类通过工作从自然中获取满足他们需
要和欲望的物质，这些面向自然的工作行为称为劳动，用来满足人
类需要和欲望的物质称为产品。获取产品的过程称为生产。劳动是
劳动力的功能，包括精神上的和体力上的能力。劳动和劳动力的差
别是马克思经济理论中最重要的一个环节。

劳动本身在生产实践中是有形的。生产实践中耗费的劳动通常

1

称为活劳动。当生产过程结束，制造出产品时，活劳动也就结束了。而劳动的痕迹却留存于产品和耗费过劳动的生产中。这种痕迹，与活劳动相对，被称为死劳动。因此，劳动有两种基本的存在形式。以下，我们所提及的劳动指的均是活劳动。

马克思从质和量的二重角度研究劳动。因为劳动是人类普遍具有的劳动力的功能，所以劳动一方面就是抽象的人类劳动。根据定义，抽象人类劳动仅存在数量上的差异。另一方面，在质量上，不同种类商品的生产中所实践的劳动是不同质的。劳动的质的方面称为具体有用劳动。劳动是抽象人类劳动和具体有用劳动的综合。

劳动创造产品，也就是说产品是通过劳动获得的——这并不是否定各种生产资料的必要性：具体有用劳动赋予商品使用价值或效用，而抽象人类劳动则凝结或体现成为商品的价值。不管具体有用劳动的多寡，一单位抽象人类劳动总是创造相等的价值。

综上所述，价值规律的基础是：

（1）劳动是劳动力的功能；

（2）劳动具有两种基本形式；

（3）劳动具有二重性；

（4）等量劳动创造等量的价值。

通过劳动建立起来的人与人之间的生产关系是基本的社会关系，因为这些关系均以劳动为基础，所以价值就是这些关系的表示。马克思的价值理论就是建立在上述基础之上，研究生产关系如何决定商品之间的关系，以及商品之间的关系如何表示生产关系。

3. 本书所关注的问题是，价值规律是如何发挥作用的。换言之，就是考察马克思价值理论的一致性。我们将在一般性的框架下考察价值规律的核心。既然讨论的是马克思价值理论的一致性，我们就接受上述提到的价值规律的基础。

4. 接下来的分析需要应用所谓的线性经济模型或里昂惕夫和冯·诺伊曼的投入产出分析。

单个生产流程或生产过程的投入组合由一个列向量表示，而各类商品共有的量，如价格和价值，则由一个行向量表示。与生产过程和产出相关的数量，如生产过程的活动水平用列向量表示。为方便起见，必要时，这些向量所属的空间区分为：$\mathbb{R}^m$ 和 $^m\mathbb{R}$ 。

5. 若无特别注明，接下来的讨论均服从以下前提假设。

（1）产品的种类和生产过程的数量是有限的。

（2）技术是线性的。

（3）每种商品都是在单位时间内生产的。

（4）每个生产过程均为点投入 – 点产出的生产构造。

关于社会条件，有以下四点。

（1）社会成员分成两个阶级，即资本家阶级和工人阶级。

（2）工人不储蓄。

（3）不考虑消费选择。

（4）工资是预付的。

须注意的是，在第六章关于级差地租的讨论中，将放宽前提假设（1）和（2）。

目　　录

第一章　里昂惕夫经济下的马克思价值、价格及增长理论………… 1

　　引　言 ……………………………………………………………… 1

　　第一节　价值与剩余价值理论 …………………………………… 2

　　第二节　马克思基本定理 ……………………………………… 13

　　第三节　转形理论 ……………………………………………… 16

　　第四节　结论——批判和辩护 ……………………………… 30

第二章　固定资本与价值理论 …………………………………… 38

　　引　言 …………………………………………………………… 38

　　第一节　狭义简单经济下的价值与价格 …………………… 39

　　第二节　物量体系与实物更新 ……………………………… 44

第三章　联合生产与价值理论 …………………………………… 49

　　引言——问题的提出 ………………………………………… 49

　　第一节　可生产性、价值和劣等生产过程 ………………… 52

　　第二节　价值的其他定义 …………………………………… 59

　　第三节　可获利润与可再生产——马克思基本定理 ……… 63

　　第四节　转形定理 …………………………………………… 70

　　第五节　结论 ………………………………………………… 73

第四章　马克思－冯·诺伊曼的价值理论 ……………… 76

引　言 ……………………………………………… 76

第一节　最优价值理论 …………………………… 77

第二节　广义马克思基本定理 …………………… 80

第三节　结语 ……………………………………… 84

第五章　异质劳动的还原 ………………………… 88

引言——问题的提出 ……………………………… 88

第一节　里昂惕夫经济下复杂劳动的还原——价值

　　　　与剩余价值理论 ……………………… 95

第二节　马克思基本定理 ………………………… 110

第三节　冯·诺伊曼经济与异质劳动 …………… 118

第四节　结语——关于一些其他的见解 ………… 129

第六章　级差地租的分析基础 …………………… 139

引言——问题的提出 ……………………………… 139

第一节　里昂惕夫经济下的级差地租 …………… 142

第二节　资本的生产率和级差地租 ……………… 156

第三节　一个简单的例子 ………………………… 163

第四节　总结 ……………………………………… 166

结　语 ………………………………………………… 170

脚　注 ………………………………………………… 172

数学附录 ……………………………………………… 182

参考文献 ……………………………………………… 190

第一章　里昂惕夫经济下的马克思价值、价格及增长理论

引　言

最简单的线性技术经济是所谓的里昂惕夫经济。首先，我们有必要规定一下里昂惕夫经济的框架。

满足下列条件的经济称为（简单）里昂惕夫经济：

（F.1）无固定资本；

（F.2）无可替代的技术；

（F.3）无联合生产；

（F.4）劳动是同质的。

设一个生产 n 种商品的里昂惕夫经济。按照上述定义，此经济有 n 个生产过程，每一个过程仅生产 1 种商品。假定过程 i 生产商品 i，过程 i 的 1 单位活动可生产 1 单位的商品 i。如此，产出矩阵可表示为单位矩阵 I。

此外，令：

$$A \quad n \times n : 投入矩阵$$
$$L \quad 1 \times n : 劳动向量$$

则，里昂惕夫经济下的投入产出关系可以表示为：

$$\binom{A}{L} \to I$$

因为生产过程的活动水平与产出水平是一致的，故而可视二者相同。换言之，产出空间与活动空间相同。在里昂惕夫经济中，过程 i 亦即产业 i。

第一节　价值与剩余价值理论

1. 令：

$$x \quad n \times 1 : 产出向量$$
$$y \quad n \times 1 : 净产品向量$$

则净产品定义为产出减去投入：[1]

$$y = x - Ax \tag{1}$$

经济体系最基本的必要条件就是具有可生产性。

定义 1　（可生产性）在经济体系中，若产出量超过生产过程中的投入量，那么就可以说此类经济具有可生产性：满足以下条件

$$\exists x \geqq 0^n : x > Ax \tag{Pd. C.}$$

的经济称为具有可生产性的经济，或简称 A 具有可生产性。

我们也可以从较强的意义上定义可生产性。

定义 2　（强可生产性）经济体系若满足以下强可生产性条件，此类经济就称为具有强可生产性的经济：

$$\forall y > 0^n, \exists x \geqq 0^n : x = Ax + y \qquad \text{(S. Pd. C.)}$$

也就是说，经济若具有强可生产性，则可以生产出任意量的净产品组合。故而，强可生产性在形式上包含着可生产性。实际上，二者是等价的。首先，令：

$$A \geqq 0 \qquad\qquad\qquad\qquad (A.1)$$

命题 1　S. Pd. C. $\Leftrightarrow$ Pd. C. $\Leftrightarrow$

$$(I - A)^{-1} \geqq 0 \qquad\qquad\qquad\qquad (2)$$

（证明参照引理 1。）[①]

二者的等价性是里昂惕夫经济的一个显著特点。

式（1）亦可写成：

$$x = Ax + y \qquad\qquad\qquad\qquad (3)$$

我们再来考虑它的对偶面，也就是商品的价值方面。马克思主张商品具有基于劳动的价值，并给出了以下定义（《资本论》第一卷，第 51 页[②]）：

　　　　它们剩下的只是同一的幽灵般的对象性，只是无差别的人类劳动的单纯凝结，即不管以哪种形式进行的人类劳动力耗费的单纯凝结。这些物现在只是表示，在它们的生产上耗费了人类劳动力，积累了人类劳动。这些物，作为它们共有的这个社会实体的结晶，就是价值——商品价值。

---

① 所有引理见数学附录，下同。——译者注
② 本书所引用的《资本论》中的内容，已经依照人民出版社 2004 年版的《资本论》（第一、第二、第三卷）调整了页码，下同。——译者注

由此可得以下定义。

定义 3 （价值的第一定义）商品的价值是凝结或体现在单位商品中的劳动量，称为 M_1 价值，或凝结劳动价值。

令：

$$w \quad 1 \times n：价值向量$$

则它由如下的价值方程决定：

$$w = wA + L \tag{4}$$

如此定义的 M_1 价值与可生产性密切相关。

首先，我们可以得到以下命题。

命题 2 净产品的价值等于劳动耗费量：

$$wy = Lx \tag{5}$$

[易证。实际上，$wy = L(I-A)^{-1}y = Lx$。]

假定劳动不可或缺，即：

$$L > 0_n \tag{A.2}$$

于是有以下命题。

命题 3 可生产性等价于存在唯一的正价值：Pd. C. $\Leftrightarrow \exists w > 0_n$。

证明：

根据式（2），可以得出 $w = L(I-A)^{-1} \geq 0_n$。反过来，如果 $w = wA + L > wA$，那么 $(I-A)^{-1} \geq 0$。因此，Pd. C. 成立。

（证毕）

此外，假设：

$$A 是不可约的 \tag{A.3}$$

以及式（A.2）可弱化为：[2]

$$L \geq 0_n \qquad\qquad (A.2w)$$

推论 假设式（A.2w）取代式（A.2），价值为正。
（证明参见引理 5。）

2. 除上述外，马克思给出了价值的第二定义（《资本论》第一卷，第 52 页）：

> 社会必要劳动时间是在现有的社会正常的生产条件下，在社会平均的劳动熟练程度和劳动强度下制造某种使用价值所需要的劳动时间……只是社会必要劳动量，或生产使用价值的社会必要劳动时间，决定该使用价值的价值量。

简而言之就是如下定义。

定义 4 （价值的第二定义）商品的价值是在正常的生产技术条件下，生产该商品 1 单位的净产品所需的劳动量，称为 M_2 价值，或耗费劳动价值。

需要注意，里昂惕夫经济中，何种技术属于社会正常，是无关紧要的。

令：

$$w^* \quad 1 \times n : M_2 \text{ 价值向量}$$
$$x^{*j} \quad n \times 1 : \text{商品 } j \text{ 的单位净产品所需的社会全体产出量}$$

则定义 4 可以表示为：

$$w_j^* = Lx^{*j}$$
$$x^{*j} = Ax^{*j} + e^j \tag{6}$$

定理 I　M_1 价值与 M_2 价值相等：$w = w^*$。

证明：

由方程体系（6），可得 $x^{*j} = (I - A)^{-1}e^j$。故而有：

$$w_j^* = L(I - A)^{-1}e^j$$

因此：

$$w^* = L(I - A)^{-1} \qquad （证毕）$$

之后会运用这一重要结论。

不难看出，净产品向量 y 的生产中，劳动耗费量的最小值为：

$$\text{Min}\{Lx \mid x \geqslant Ax + y, x \geqslant 0^n\}$$

而其对偶为：

$$\text{Max}\{\Lambda y \mid \Lambda \leqslant \Lambda A + L, \Lambda \geqslant 0^n\}$$

在里昂惕夫经济下，上述二者有最优解，且满足：

$$\max \Lambda y = \min Lx$$

另外，有以下推论。

推论　M_1 价值是上述最大化问题的最优解：$\Lambda^0 = w$，其中 Λ^0 为最大值。

（证明易证。）

我们应该注意，可生产性与强可生产性的等价性在此发挥着重要作用。

3. 若一种经济可产出净产品，则不会出现物质资料投入更新不足的情况。但是生产所需的投入既包括资本品也包括劳动力。

人的存在是劳动力的前提。维持个人体能的生活资料、工人的教育或者训练所需的商品就成为劳动力再生产需要的各种商品：工人所消费的这些商品的总价值决定了劳动力价值。

劳动力的再生产通过消费来实现，工人购买及消费的消费品称为工资品。马克思写道（《资本论》第一卷，第199页）：

> 在一定的国家，在一定的时期，必要生活资料的平均范围是一定的。

这里，值得注意的是，工人的工资品束同生产的技术条件一样，均可视为已知。因此，可表示为：

$$f \quad n \times 1 : 标准工资品束$$
$$c : 标准工资品束的单位数$$
$$F = cf : 单位劳动的工资品束$$

可做以下假设：

$$F \geqslant 0^n \qquad\qquad (\text{A.}1^2)$$

经济的产出向量为 x 时，为能达到劳动力的再生产，需要有 FLx 的工资品。净产品减去工资品后的余额定义为剩余产品。令：

$$s \quad n \times 1 : 剩余产品向量$$

则剩余产品向量可表示为：

$$s = x - Ax - FLx \qquad\qquad (7)$$

为简便起见，令：

$$M = A + FL \qquad\qquad (8)$$

从而，式（7）可写成：

$$s = (I - M)x$$

因此，社会总产品由三部分组成：物质资料投入、工资品和剩余产品。由于商品的价值是已知的，因此，我们可以根据商品价值对这些组成部分进行衡量和加总。

资本主义生产所需的物质资料投入价值和工资品价值分别称为不变资本和可变资本。剩余产品的价值称为剩余价值。

对于产业 i，令：

$$C_i = wa^i x_i : 不变资本$$
$$V_i = wFL_i x_i : 可变资本$$

同时，对于经济整体，则为：

$$C = \sum C_i : 社会总不变资本$$
$$V = \sum V_i : 社会总可变资本$$
$$S = ws : 社会总剩余价值$$

不变资本与可变资本的价值比率称为资本的价值构成。后文中，按习惯将该比率称为资本的有机构成：

$$\xi_i = \frac{C_i}{V_i} : 产业\ i\ 的资本有机构成$$

$$\xi = \frac{C}{V} : 资本的社会有机构成$$

（必要时，我们会明确标明它们取决于如 w 和 x 之类的变量。）

现在，生产要素是物质资料投入和劳动，但因为劳动是劳动力的使用价值，所以生产要素也表现为物质资料投入和劳动力。因此，有必要衡量劳动力的价值与由劳动创造的价值的差额，这是一种剩余。根据马克思的定义，有四种剩余比率。

定义 5　（剩余价值率）剩余价值率是剩余价值与可变资本的比率。

令：

$$\mu: 剩余价值率$$

则剩余价值率表达式为：

$$\mu = \frac{S}{V} \tag{9}$$

剩余价值的概念可从社会劳动耗费的角度理解。

定义 6　（必要劳动）生产工人的工资品所需要的劳动量称为必要劳动。

令：

$$\bar{x} \quad n \times 1: 必要产出向量 \tag{10}$$

则它满足：

$$\bar{x} = A\bar{x} + FLx \tag{10}$$

给定一个产出向量 x，$L\bar{x}$ 表示必要劳动。

定义 7　（剩余劳动）总劳动减去必要劳动的余额称为剩余劳动，即 $Lx - L\bar{x}$。

由上可做一定义。

定义 8　（剩余劳动率）剩余劳动率是剩余劳动与必要劳动的比率。

令:

$$\eta:剩余劳动率$$

则剩余劳动率可表示为:

$$\eta = \frac{Lx - L\bar{x}}{L\bar{x}} \tag{11}$$

由于劳动耗费量不等于工资品的价值,所以劳动也可被分为两个部分:支付工资的部分,和并未支付的部分。支付工资的劳动称为有酬劳动,并未支付工资的部分称为无酬劳动。二者的大小取决于如下。

令:

$$N:工人数$$
$$T:单位工作日的长度(例如:小时)$$
$$F^* \quad n \times 1:单位工作日的工资品向量$$

在无损一般性的前提下,假设 1 单位的劳动用 1 小时的劳动耗费来表示,如此可得:

$$TN = Lx \tag{12}$$

工人单位工作日得到的工资为 wF^*,故 wF^* 表示有酬劳动,而 $T - wF^*$ 则表示无酬劳动。第三个剩余比率,无酬劳动与有酬劳动的比率可定义为:

$$\mu' = \frac{T - wF^*}{wF^*} \tag{13}$$

亦可得知 F 与 F^* 的关系表示为:

$$\frac{1}{T}F^* = F \tag{14}$$

也就是说，若 $F^* = f$，则 $\dfrac{1}{T} = c$。

若工人的工作日可被分为两个部分，如归自己的必要劳动时间 T'，和归资本家的剩余劳动时间 $T - T'$，则对于所有的工人，有：

$$T'N = wF^*N \qquad\qquad (15)$$

由此，剩余劳动时间率可定义为：

$$\mu'' = \frac{TN - T'N}{T'N} \qquad\qquad (16)$$

以上介绍的这些比率均可称为剩余比率，都表示资本主义经济的剥削率。要讨论的第一点是它们之间的等价性。

定理 II　剩余价值率等于剩余劳动率：$\mu = \eta$。

证明：

求必要劳动，可得：

$$\begin{aligned}
L\overline{x} &= L(I - A)^{-1}FLx \\
&= wFLx
\end{aligned}$$

由此可知：

$$\eta = \frac{Lx - wFLx}{wFLx}$$

同时，根据命题 3，剩余价值率可计算为：

$$\mu = \frac{w(I - M)x}{wFLx} = \frac{Lx - wFLx}{wFLx}$$

故而，$\mu = \eta$。　　　　　　　　　　　　　　　　（证毕）

推论 1　$\mu' = \eta$。

实际上，由式（13），可以得出：

$$\mu' = \frac{1}{wF} - 1 = \frac{Lx}{wFLx} - 1 = \eta$$

推论 2 $\mu'' = \eta$。

实际上，将式（12）和式（15）代入式（16），即得到结果。

显而易见，剩余价值率也可以定义为由 1 单位劳动创造的剩余价值与 1 单位劳动力的价值的比率：

$$\mu = \frac{1}{wF} - 1 \tag{17}$$

因为工资品束是已知的，故而剩余价值率对于所有产业而言都是相等的。

4. 如此，我们推导的四类等价的剩余比率中，最重要的可以说是剩余价值率和剩余劳动率。两者相等源于经济的可生产性保证了 M_1 价值的存在，以及与 M_2 价值的相等。实际上，验证必要劳动的求值过程，可知：

$$
\begin{aligned}
L\bar{x} &= L_1\bar{x}_1 + L_2\bar{x}_2 + \cdots + L_n\bar{x}_n \\
&= w_1^*\bar{y}_1 + w_2^*\bar{y}_2 + \cdots + w_n^*\bar{y}_n
\end{aligned}
$$

其中，$\bar{y} = (I - A)\bar{x}$。

因此，必要劳动和剩余劳动率可以独立于价值方程求解。从与个别商品的价值的关系来讲，剩余劳动率反而与 M_2 价值密切相关。

而剩余价值率却取决于价值方程以及 M_1 价值：若不能知道 M_1 价值的值，则无法计算剩余价值率。

然而，剩余价值率与剩余劳动率相等（定理 Ⅱ）。因为在里昂惕夫经济下，价值方程的可解性等价于经济的可生产性（命题3），净产品的价值等于劳动耗费量（命题2），以及 M_1 价值与 M_2 价值一致（定理Ⅰ）。

当我们在之后的章节中对马克思的经济理论进行一般化时，还会再次涉及这一重要内容。

5. 既然工资品是给定的，就可以实际地确定剩余价值率的水平。

从式（12）可以看出，劳动耗费量等于工人数乘以单位工作日的长度，因此，每个工人的劳动耗费量会随着单位工作日长度的变化而变化。剩余价值率也就根据工作日的长短而变化。实际上：

$$\mu = \frac{T - wF^*}{wF^*} = \frac{1 - w\frac{1}{T}F^*}{w\frac{1}{T}F^*}$$

此式意味着工人每小时可得到 $1/T$ 单位的工资品束。$1/T$ 表示实际工资率，与工作日的长度成反比。

剩余价值率作为实际工资率的函数 $\mu = \mu(1/T)$，是递减函数。其定义域一方面受到物质的、文化的和社会的限制，另一方面取决于劳动力的价值。也就是说，工作日的长度应满足：

$$wF^* \leqslant T \leqslant T^M$$

其中，T^M 表示物质的、文化的和社会的限制。因而，剩余价值率的定义域可以表示为 $(1/T^M, 1/wF^*)$。

第二节　马克思基本定理

在资本主义生产模式普及的经济体系下，商品并不按价值进行交换。

一旦劳动力作为资本被购入，便与生产资料结合起来，劳动力的使用价值，亦即劳动便附于资本之上。劳动的生产率成为资本的生产率的一部分，生产成果均作为资本的产物由资本获得。

在马克思经济学中，利润来源于剩余价值是最重要的理论，这被称为马克思基本定理。然而，马克思并没有缜密地加以论证。本节的目的是对这一定理进行缜密和分析性的论证。

首先，我们做如下定义。

定义 9 （可再生产性）所有产业都能生产剩余产品的经济是具有可再生产性的。满足以下剩余条件的经济，称为可再生产经济：[3]

$$\exists x \geqq 0^m : x \geq Mx \qquad\qquad \text{(S. C.)}$$

毋庸置疑，可再生产的经济是具有可生产性的。

接下来，我们考虑可再生产性的对偶。给定一个产品的价格向量 p。pA 和 pFL 分别表示各单位产品的物质资料成本和工资，因此 pM 表示单位产品的总成本。价格减去总成本的余额即为利润。令：

$$p \quad 1 \times n : \text{价格向量}$$
$$\Pi \quad 1 \times n : \text{利润向量}$$

则满足：

$$\Pi = p - pM \qquad\qquad (18)$$

定义 10 （可获利润性）给定价格向量，一个能够获取利润的经济称为可获利润的经济，即满足以下条件：

$$\exists p \geqslant 0_n : p > pM \qquad\qquad (\text{Pf. C.})$$

即可得到如下定理。

定理Ⅲ （基本对偶关系）可再生产性等价于可获利润性：S. C. ⟺Pf. C. 。

证明：

实际上，易证明二者都等价于：

$$(I - M)^{-1} \geqslant 0 \qquad\qquad (\text{证毕})$$

也就是说，里昂惕夫经济体系下若所有产业部门都是可生产剩余产品的，那么此类经济一定是可获利润的；反之亦然。重要的是，可获利润性不依据于价值概念，而是由可再生产性导出的。里昂惕夫经济体系下存在很强的对偶关系。

由此可得可获利润性与剩余价值率为正之间的关系。

定理Ⅳ （马克思基本定理）当且仅当剩余价值率为正并存在正价值时，经济是可获利润的：Pf. C. ⟺$\mu > 0$ 且 $\exists w > 0_n$。

证明：由定理Ⅲ可知，Pf. C. 意味着 $(I - M)^{-1} \geqslant 0$，因此，Pd. C. 成立。由命题2，可得知 $w = L(I - A)^{-1} > 0_n$。

现在，若 $wF \geqslant 1$，可得：

$$w = wA + L \leqslant wA + wFL = wM$$

与 $(I - M)^{-1} \geqslant 0$ 相矛盾。

相反的，若 $\mu > 0$，且 $\exists w > 0_n$ 成立，那么由式（17）可得 $(1 + \mu)wF = 1$，故而式（4）可表示为：

$$w = wA + (1 + \mu)wFL > w(A + FL)$$

由此可得 Pf. C. 。 （证毕）

马克思主义者将此定理解释为利润来源于剩余价值。即，由劳动创造的剩余价值成为资本占有的利润：资本剥削劳动。这说明了资本主义经济最显著的性质是，利润是剩余价值的转化形式。

然而，对于这样的转化是如何实现的，我们将在下一节进行讨论。

第三节 转形理论

1. 追求更多利润的资本家之间的竞争导致各产业部门的利润率趋于均等。因此，商品的定价，也就是交换价格，不但要保证正的利润，而且要使利润率均等。[4]

如前所述，劳动创造产品表现为资本的生产率。通过劳动力的商品化，资本家以工资交换来了劳动者的生产率，利润由劳动成果变成了物质资料投入和工资，即不变资本和可变资本的产出。因此，利润与总资本的比率就成了衡量资本效率的指标。

利润率平均的经济中，所有产业的资本效率同样均等，资本不会因为追求更高的利润率而向其他产业转移，这样的经济处于均衡状态。马克思将对应于平均利润率的商品价格称为生产价格。[5]

本节的目的就是概述由价值向生产价格转化的马克思转形理论。

2. 均衡可获利润性可以严格地定义如下。

定义 11 （均衡可获利润性）价格若能使所有生产过程均能取得平均利润率，则称其具有均衡可获利润性。

亦即，令：

$$\pi : 平均利润率$$
$$p \quad 1 \times n : 生产价格向量$$

且，价格满足以下条件：

$$\exists \pi > 0, p \geqslant 0_n \qquad \text{(E. Pf. C.)}$$

那么

$$p = (1 + \pi)pM \qquad (19)$$

称为均衡可获利润价格[6]。

显然，E. Pf. C. 蕴含着 Pf. C.。在里昂惕夫经济下，反之亦成立。

命题 4　均衡可获利润性等价于可获利润性：E. Pf. C. ⇔ Pf. C.。

证明：

只需证明"⇐"部分即可。实际上，若 $p > 0_n$ 且 $p > pM$，则存在一个 M 的正特征值和非负特征向量满足：

$$0 < \rho(M) < 1$$
$$\rho(M) \cdot \theta'(M) = \theta({}^t M)M \qquad \text{（证毕）}$$

正如证明中所述，利润率和生产价格由矩阵 M 的弗罗贝尼乌斯（Frobenius）根和 Frobenius 向量唯一确定：

$$\pi = \frac{1}{\rho(M)} - 1 \qquad (20)$$
$$p = \theta({}^t M)$$

从上述确定方式来看，利润率和生产价格均完全取决于 A、L 和 F：那么生产价格体系即式（19）是否由价值体系决定？若是，又如何决定？有必要讨论一下这个问题。

3. 在《资本论》第三卷中，马克思发展了运用价值来计算利润率和生产价格的方法。其原方法的概要如下。

假设商品按价值售出，利润等于剩余价值。定义：

$$成本价格 = 不变资本 + 可变资本$$

可得：

$$价值 = 成本价格 + 剩余价值^{7)}$$

对商品价值进行加总，求出剩余价值与成本价格的比率，以此来定义利润率。成本价格乘以（1 + 利润率）就等于商品的生产价格。

用数学符号表示上述过程，可得对于某个产出向量 x，利润率为：

$$\pi^0 = \frac{\mu wFLx}{w(A + FL)x}$$

显然，可得：

$$\pi^0 = \frac{\mu}{1 + \xi} \tag{21}$$

亦即，马克思"近似地"将利润率定义为剩余价值率除以（1 + 资本有机构成）。

马克思将生产价格体系表达为：

$$w^1 = (1 + \pi^0)w(A + FL) \tag{22}$$

不等式 $\mu > \pi^0$ 以及等式（21）和等式（22）就构成了马克思的转形定理 I。

但我们必须注意到，马克思并没有完成这一迭代过程：价格既然由等式（22）决定，那么成本价格（wM）就应当根据由等式（22）决定的价格重新计算，因此迭代就会无限进行下去。马克思已经认识到这一问题，但他未能完成这个无限迭代。马克思的这种不彻底的解决方法是引发转形问题争论的最大原因。

首先，我们可以推导出以下命题。

命题 5 $\mu > 0 \Rightarrow \mu > \pi$。

证明：

由 $\mu > 0$，式（4）可以重写为：

$$w = wA + (1 + \mu)wFL < (1 + \mu)wM$$

按照引理 5（iv），可得：

$$\frac{1}{1 + \mu} > \rho(M)$$

因此，根据式（20a），可得结论。   （证毕）

亦即，若剩余价值率为正，那么剩余价值率大于利润率。

下一步讨论价值［式（4）］转化到价格［式（19）］的收敛问题，置盐信雄（Okishio，1974）严格地证明了该问题。

可以用一般的迭代公式来表示马克思的方法。数列 $\{w^t\}$ 和 $\{\pi^t\}$ 的含义是，对于 $x \geq 0^n$，有：

$$
\begin{aligned}
w^{t+1} &= (1 + \pi^t)w^t M \\
1 + \pi^t &= \frac{w^t \cdot x}{w^t \cdot Mx} \\
w^0 &= w
\end{aligned}
\tag{23}
$$

从而有以下命题。

命题 6 假设 M 稳定，由方程体系（23）产生的数列 $\{w^t\}$ 和 $\{\pi^t\}$ 收敛：

$$\lim_{t \to \infty} w^t = p^* \qquad \lim_{t \to \infty} \pi^t = \frac{1}{\rho(M)} - 1$$

其中，p^* 满足式（19），且：

$$p^* x = wx \tag{24}$$

［证明参见置盐（Okishio，1974）及本书第三章。］

亦即，按照马克思的方法进行无限迭代后，价值体系就会转化为生产价格体系。而且，正如式（24）所示，生产价格作为转形过程的极限，在单位上同价值是一致的。同时，给定一个产出向量，进行标准化的条件是取总生产价格量等于总价值量。换句话说，总价值发挥了价值标准的作用。

因此，可以看出生产价格体系完全取决于式（19）和式（24）。在接下来的讨论中，经上述标准化后的价格向量 p^* 称为（绝对）生产价格。

马克思转形定理 II 涉及两个著名等式的联立：

总价格 = 总价值
总利润 = 总剩余价值

然而，这两个等式却无法同时成立。

在命题 6 的基础上，价值体系和价格体系，以及上述的两个等式可写成：

$$w = wA + L \tag{4}$$

$$p^* = (1 + \pi)p^* M \tag{19}$$

$$p^* x = wx \tag{25}$$

$$p^* = (I - M)x = w(I - M)x \tag{26}$$

从确定生产价格和利润率的角度来看，式（4）本身是独立且封闭的，故而可以除外。剩下的式（19）、式（25）、式（26），有 $n+1$ 个未知数，却存在已知的 $n+2$ 个等式：导致方程体系超定。因此，两个总量相等式无法同时成立。可以用以下命题进行说明。

命题 7 若以下任意两个等式成立：

$$总价格 = 总价值$$
$$总利润 = 总剩余价值$$
$$总成本价格 = 总成本价值$$

则剩下的另一等式也成立。

（易证。）

即使假定第 1 个等式即总价格 = 总价值成立，如果总成本价格偏离总成本价值，也就不能推定第 2 个等式总利润 = 总剩余价值成立。可以猜测，产出 x 的构成、直接和间接投入之和 Mx 的构成并不满足某些条件。我们将在下一小节讨论该问题。

请注意式（25）的含义，商品在市场上实现的总量，与市场条件并无关系。

4. 我们再来考察一下生产价格体系即式（19）的对偶。假设资本家为达到最大限度的增长而积累全部利润，且所有的产业部门均保持相同的增长率。这样的经济状态称为最大产能增长，或冯·诺伊曼增长。令：

g^c：最大产能增长率（冯·诺伊曼增长率）
x^c　$n \times 1$：最大产能产出向量（冯·诺伊曼比率）

二者取决于最大产能增长方程：[8]

$$x^c = (1 + g^c)Mx^c \tag{27}$$

式（19）和式（25）决定了冯·诺伊曼均衡（π, p, g^c, x^c）。而里昂惕夫经济下的冯·诺伊曼均衡如下。

命题 8 $\pi = g^c$。

实际上，$\pi = g^c = \dfrac{1}{\rho\ (M)} - 1$。

由此可知，g^c 为最大均衡增长率，而 x^c 是与之对应的产出向量。

在冯·诺伊曼均衡下，马克思的转形定理 I 和转形定理 II 可被重新表述如下。

定理 V （森岛－塞顿方程）（i）：

$$\pi = \frac{\mu}{\xi(x^c) + 1} \tag{28}$$

其中，$\xi\ (x^c)$ 表示 ξ 与 x^c 相关。

（ii）以下两个方程是等价的：

$$
\begin{aligned}
p^* x^c &= w x^c \\
p^* (I - M) x^c &= w(I - M) x^c
\end{aligned}
\tag{29}
$$

证明：

（i）将式（4）右乘 x^c，将式（27）左乘 w，可得：

$$w A x^c + L x^c = (1 + g^c) w M x^c$$

以及

$$g^c = \frac{(1 - wF) L x^c}{w A x^c + w F L x^c}$$

根据 ξ 的定义、式（17）和命题 8，可得结论。

（ii）由式（4）、式（19）、式（27）和式（29a），可得出式（29b）。实际上，由式（4）和式（27）可得：

$$w x^c = (1 + g^c) w M x^c$$

将式（19）右乘 x^c，再由式（29a）可得：

$$p^*x^c = wx^c = (1 + \pi)p^*Mx^c$$

借由命题 8，即可得式（29b）。

同样，由式（29b）可推导出式（29a）。　　　　　　（证毕）

因此，冯·诺伊曼均衡下的价格体系与价值体系紧密相关，正如式（28）所示，此为马克思的原利润率公式即式（21）的一个扩展。

现在，价值对价格的数量调节可概括为：首先，马克思 – 置盐的转形收敛支持转形的第一个总量相等；其次，冯·诺伊曼均衡下的价格利润率等于价值利润率，故而马克思的两个总量相等是等价的。

在生产中既不直接使用，也不间接使用的奢侈品，不进入冯·诺伊曼比率。

实际上，在无损一般性的前提下，可将经济划为两个部分：奢侈品生产部门 II 和非奢侈品生产部门 I。矩阵 M 可分割为：

$$M = \begin{pmatrix} M_{\mathrm{I}} & M_{\mathrm{II}} \\ 0 & 0 \end{pmatrix} \tag{30}$$

由式（27）决定的冯·诺伊曼比率，可用式（30）的划分方法写为：

$$x^c = \begin{pmatrix} x_{\mathrm{I}}^c \\ x_{\mathrm{II}}^c \end{pmatrix}$$

不难得出：

$$x_{\mathrm{II}}^c = 0^k$$

其中，最后的 k 种商品为奢侈品。

因此，一般来讲，实际产出与冯·诺伊曼比率是不同的。然而，森岛 – 塞顿方程可做如下的一般化。先定义：

定义 12　（最大均衡增长率）对于 $x \in \mathbb{R}^n$，有：

$$g^{\mathrm{M}}(x) = \max\{g \mid x \geq (1+g)Mx\} \tag{31}$$

于是可得以下命题

命题 9　（增长约束）：

$$g^{\mathrm{M}}(x) < \frac{\mu}{1 + \xi(x)} \tag{32}$$

证明：

将式（31）左乘 w，可得：

$$g^{\mathrm{M}}(x)wMx \leq wx - wMx$$

根据 ξ 和 μ 的定义，即可得式（32）。　　　　　　（证毕）

式（32）的右边代表价值利润率，故而式（32）表示最大均衡增长率不超过价值利润率。即，增长受到价值量纲的调节。由命题 8 和定理 V，可以注意到式（32）是包含式（28）的广义公式。因此，马克思经济学满足价值、价格和增长的对偶性。

既然讨论到马克思价值、价格和增长理论，就应当弄清冯·诺伊曼均衡的本质。

下面我们来定义两个区域。

定义 13　（增长域）可生产剩余产品的（产出）向量的集合称为增长域：

$$\mathbb{P}(M) = \{x \mid x > Mx, x \geq 0^n\}$$

定义 14　（可获利润域）可产生利润的价格向量的集合称为可获利润域：

$$\mathbb{P}^*(M) = \{p \mid p > pM, p \geq 0_n\}$$

二者为多面锥体，而拥有正冯·诺伊曼增长率和正利润率的冯·诺伊曼均衡由 $\mathbb{R}^n_+$ 和 $^n\mathbb{R}_+$ 中的射线表示，它们分别为冯·诺伊曼比率和生产价格。

正如定理Ⅲ和命题 4 所述，当且仅当 $\mathbb{R}^n_+$ 和 $^n\mathbb{R}_+$ 存在射线时，增长域和（或）可获利润域非空。亦即，拥有正冯·诺伊曼增长率和正利润率的冯·诺伊曼均衡的存在仅与经济增长的可能性和可获利润性有关。由此，冯·诺伊曼均衡准确地说是一个定性的概念。

请注意，马克思基本定理表述的是两个域非空的等价条件，以及这种非空并不依赖市场条件。

同时还要注意到，非空的可获利润域反而是建立（暂时）市场均衡的基础，因为虽然可以用市场本身来解释如何建立均衡，但不能用它来解释为什么能建立均衡。无论利润率是否相等，交易总归要靠市场来实现：如果追求利润率最大化的资本家没有获得利润，那就不能说市场是正常运行的。所以，非空的可获利润域是市场正常运行的必要条件。

然而，我们还应注意，马克思基本定理并没有揭示市场自身的功能，而只是确保了某种可能性。从这个意义上说，马克思基本定理是基础性的，同时也是规范的理论。

5. 马克思还提出了上述之外的其他转形定理：他主张：（1）商品的成本价格总小于它的价值；（2）有机构成越高（低）的资本生产的商品的价值越小于（大于）它的生产价格；（3）若某一资本的有机构成等于社会平均值，那么，由这个资本生产的商品的价值就等于它的生产价格。

想要证明马克思提出的这些命题的一般性，并不容易。

森岛通夫（Morishima，1973）已经详细地验证了，在何种条件下，马克思涉及式（21）和式（22）的数例是正确的。他还研究了在何种经济下剩余价值率决定利润率。

在介绍森岛的贡献之前，一些事项应提前说明。

不难看出，在以下四种情况中，剩余价值率决定利润率的实际高低。

第一，最简单的一种情况，就是剩余价值率和利润率都等于零。

第二，整个经济中各资本的有机构成相等。

第三，所有产业的资本内部构成相同，这由萨缪尔森（Samuelson，1971）提出，其特点是：

$$a^i \propto x^c, F \propto x^c \qquad (33)$$

第四，冯·诺伊曼比率作为总计权重来使用。

第一种情况很简单，其经济意义不大，不予考虑。

第四种情况，如前小节所讨论的，可以说在一般性上论证了马克思原来的论点。

然而，第二种和第三种情况的经济具有特殊的结构。在此先讨论第二种情况。

资本的有机构成相等可表示为：

$$wA = \xi wFL \qquad (34)$$

命题 10 式（34）蕴含着：

（i）价格与价值成比例，即 $p \propto w$；

（ii）利润与剩余价值成比例，即 $\pi pM \propto \mu wFL$。

证明：

（i）由式（34），式（4）可以写成：

$$w = \xi(wF)L + L \propto L \qquad (35)$$

因 $w(I - A) = L$，可知：

$$LA \propto L$$

写为：

$$\rho(A)L = LA \qquad (36)$$

由此可得：

$$\begin{aligned} LM &= L(A + FL) \\ &= [\rho(A) + LF]L \end{aligned}$$

即：

$$L = \theta(^{'}M)$$

与式（20b）进行比较，可得 $p \propto L$，因此，$p \propto w$ 归因于式（35）。

（ii）由（i），可暂写为：

$$p = kw$$

将其代入 πpM，即得：

$$\begin{aligned} \pi pM &= kw(I - M) \\ &= k\mu wFL \end{aligned}$$

由此，可得结论。　　　　　　　　　　　　　　　　　（证毕）

不难看出，萨缪尔森所提出的式（33）是式（34）的一个特例。

6. 马克思注意到了一个有趣的社会经济结构，就是各产业有着相同的资本有机构成。森岛将这种情况进行了扩展，并引入了

"产业线性相关"这一概念,对马克思的论证做了一个重要的补充。

若满足:

$$|M| = 0 \tag{37}$$

则经济是线性相关的。

森岛的论证是在马克思－里昂惕夫经济下完成的,具体表述如下。

设商品被划分成两类,即资本品和消费品。里昂惕夫经济的产业也就被划分为两大部类。令前 m 个产业构成资本品部类(Ⅰ),而剩下的 $n-m$ 个产业构成消费品部类(Ⅱ)。这种被划分出资本品和消费品的里昂惕夫经济称为马克思－里昂惕夫经济。马克思－里昂惕夫经济的矩阵 A、L、F 和 M 分别表示为:

$$A = \begin{pmatrix} A_{\mathrm{I}} & A_{\mathrm{II}} \\ 0 & 0 \end{pmatrix}, L = (L_{\mathrm{I}} \quad L_{\mathrm{II}}), F = \begin{pmatrix} 0 \\ F_{\mathrm{II}} \end{pmatrix}, M = \begin{pmatrix} A_{\mathrm{I}} & A_{\mathrm{II}} \\ F_{\mathrm{II}}L_{\mathrm{I}} & F_{\mathrm{II}}L_{\mathrm{II}} \end{pmatrix}$$

其中,Ⅰ和Ⅱ代表相关部类。

现在,可以证明以下命题。

命题 11 在马克思－里昂惕夫经济下,满足以下条件。

(i) 式(34)蕴含式(37)。

(ii) 式(33)蕴含式(37)。

(iii) 于式(20)、式(21)和式(22)中:式(39)$\Leftrightarrow \pi^0 = \pi$, $w^1 = p$。

[证明参见森岛(Morishima,1973,pp. 77 - 79)。]

根据这个特殊命题,式(37)包含上一小节提到的第二种和第三种情况,且可以作为充要条件证明由式(21)和式(22)描述的马克思本人的转形方法。

森岛将产业线性相关概念进一步一般化为：产业为 h 阶线性相关，若

$$\overline{\pi}w(A + FL) \cdot M^{*h} = w(I - M) \cdot M^{*h} \tag{38}$$

其中，$M^* = (1 + \overline{\pi}) M$，$\overline{\pi} = \dfrac{w\ (I - M)\ x^c}{w\ (A + FL)\ x^c}$。

式（38）中的产业线性相关即 $h = 1$ 的情况。

命题 12　在马克思 - 里昂惕夫经济中，产业为 h 阶线性相关，当且仅当式（23）产生的生产价格序列在有限次 h 内收敛到极限：式（38）$\Leftrightarrow w^h = w^{h+1} = \cdots = p^*$ 于式（23）。

[证明参见森岛（Morishima，1974a，pp. 622 - 632）；或者森岛和卡特弗斯（Morishima and Catephores，1978，pp. 170 - 171）。]

对于森岛的论证，我们要说的是，他的命题仅在马克思 - 里昂惕夫经济下有效：产业线性相关的概念特属于马克思 - 里昂惕夫经济。而在里昂惕夫经济下，式（34）并不一定蕴含式（38）。[9]

7. 工资与利润的对立一直是经济学史上最重要的问题之一。非马克思主义经济学阵营已经讨论过此问题并达成了基本共识。在这一小节，我们简单讨论一下剩余价值率和工资 - 利润曲线的关系。

由 $F = cf$，生产价格体系可以写成：

$$p = (1 + \pi)p(A + cfL)$$

同时，由式（17），可将剩余价值率表示为：

$$\mu = \frac{1}{cwf} - 1 \tag{39}$$

由此可得以下命题。

命题 13 利润率是剩余价值率的递增函数：

$$\frac{\mathrm{d}\pi}{\mathrm{d}\mu} > 0 \tag{40}$$

证明：

因为 π 是 c 的连续函数，由式（A.3），可得：

$$\frac{\mathrm{d}\pi}{\mathrm{d}c} < 0 \tag{41}$$

而，根据式（39），可得

$$\frac{\mathrm{d}\mu}{\mathrm{d}c} < 0$$

由此，可得出结论。 （证毕）

第四节 结论——批判和辩护

1. 在前三节里，我们给出了马克思的劳动价值理论的现代综述。作为总结，我们在重述要旨的同时，考察对价值理论的批判和辩护。

马克思给出了价值的两个定义，M_1 价值和 M_2 价值，二者在里昂惕夫经济下是相互等价的，因为这二者都是因为经济的可再生产性而存在的。

同样，经济的可再生产性等价于可获利润性，二者为基本对偶关系。应该要强调的是，在里昂惕夫经济下基本对偶关系似乎是独立于价值概念的。

由于 M_1 价值和 M_2 价值的等价关系，剩余价值率和剩余劳动率也是等价的。然而，剩余劳动率却并不一定依赖个别商品的价值。

　　基于以上两类等价关系，马克思基本定理是根据剩余价值率和剩余劳动率而建立的。由于阐明了利润的社会源泉，因此它是定性的理论。

　　转形理论涉及利润率以及价格和利润水平的确定，因此它是定量的理论。转形理论由两部分构成：剩余价值率到利润率的转化，以及总价格和总利润分别等于总价值和总剩余价值。第一转形是马克思基本定理的量的侧面，因为它涉及新创造的价值部分。如命题 5~9 和定理 V 所述，价值对价格的调节在里昂惕夫经济的冯·诺伊曼均衡中是显而易见的。必须注意到，马克思的转形公式，比如总价格 = 总价值，反映了他的基本思想，即于社会生产的商品总价格是独立于市场的。

　　质的理论和量的理论的统一构成了马克思价值理论的主要部分。马克思基本定理所陈述的内容，可以用来理解价值调节价格，即价值规律。图 1 – 1 说明了马克思价值理论质的方面的逻辑结构。

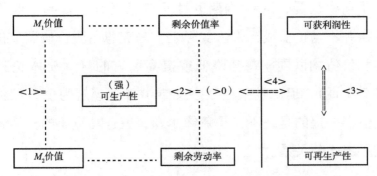

图 1 – 1　马克思价值理论的逻辑结构

注：<1>代表定理 I，<2>代表定理 II，<3>代表定理 III，<4>代表定理 IV。

2. 下面我们来讨论马克思价值理论所经历的一些批判。首先是斯蒂德曼对马克思的批判。

斯蒂德曼（Ian Steedman）以式（19）为例：

$$p = (1 + \pi)p(A + FL)$$

并主张已知技术条件 A、L 和工资品束 F，利润率 π 和生产价格 p 不依存于价值。他的主要结论如图 1-2 所示（Steedman，1977，p.48）。

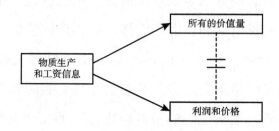

图 1-2 斯蒂德曼诘难的主要结论示意

依照斯蒂德曼的说法，价格体系和价值体系并没有直接的联系：所谓的"转形问题"根本没有作为问题存在的意义。因此，价值理论在经济学中是多余的。

除了斯蒂德曼，萨缪尔森也对马克思进行了批判。他的理由是，价格并不与价值成比例。实际上，马克思主张价值调节价格是就价格和价值均以同一趋势降低或提高而言的（《资本论》第三卷，第213页），但此主张在众多文献中都被理解为价格和价值成比例。值得一提的是，不光是萨缪尔森，就连马克思的支持者也很认可这种成比例关系。[10]

3. 针对上述的一些批判，我们有一些自己的观点。

根据斯蒂德曼的图示，似乎能说明价值体系和价格体系之间不存在任何关系。然而，我们必须考虑到以下三点。

第一，应当思考，价格方程即式（19）的两边为什么相等。某一商品的投入和产出，比如说机器和食品，它们的属性是不同的，但可以被还原为同一种东西。若商品是通过市场交换获得的，那么问题就成了为什么商品能被交换。最普遍的解释就是，商品拥有用货币来衡量的价格。于是，问题就变成了商品的价格为什么能用货币来衡量。

第二，若有可替代的技术——虽然在里昂惕夫经济下无可替代技术——资本家将选择某一组技术，以实现最大利润率，而式（19）描述的只是利润率怎样才能为正，却没说明为什么可以为正。为什么利润率可以为正是一个不能忽视的重要问题。

第三，马克思实际上认为价格和价值往同一方向变动——但这与价值规律有什么关系吗？

我们来讨论以下几点。

如果停止探索价格背后的更多基本概念，那么人们就不得不接受一个主张，即价格是商品本身固有的特性。众所周知，马克思挑战了这一主张，并试图揭示货币的社会特性。

由于商品具有不同属性，所以它们在市场上交换。然而，因为交换要在等价的前提下才能实现，故而它们必须具有一些使其等价的共同因素。市场上交换的商品的属性是不同的，所以其共同因素只能在量上相区别。故而，作为商品交换媒介的货币代表了这一量的方面。

马克思的观点是，抽象人类劳动凝结在商品中，商品才有了量的区别。即商品具有价值，而价值进一步转化为商品实际交换的价格。商品的正价值赋予它们进行市场交换的可能性。马克思基本定理正是这一观点的坚实基础。

另外，可获利润性亦与马克思基本定理相关。这也是最重要的一点，因为真正需要探究的是利润率为什么能为正。

我们想说的是，马克思基本定理解释了为什么 A 和 L 代表的技术会被采用——因为它们从剩余价值上看是可获利的：马克思基本定理已经解释了斯蒂德曼所强调的问题（Steedman，1977，p. 59）。

现在，让我们考虑一下价值和价格的成比例性。为了说明这个成比例性与价值规律的关系不大，首先来考虑一下价值和价格成比例的情况。

回顾一下命题 3，净产品的价值等于劳动的耗费量：新创造的价值是劳动的产物。因此，如果在可生产剩余产品的资本主义经济中，按照商品价值进行交换，那这种交换会体现为不平等交换。即，工人创造总额为 Lx 的价值，但得到的是价值为 $wFLx$（$< Lx$）的工资品：资本家从工人手中剥削了剩余价值 $Lx - wFLx$，这就是暴露出的无酬劳动。

想要从工人手中不公平却和平地获得他们生产出的剩余产品，以下两点至关重要。第一，工人作为直接生产者不能是商品的所有者；第二，商品不能按价值交换。

由于生产成果属于生产资料的所有者，工人就不能拥有生产资料。工人单是劳动力的所有者，是为了生计而出卖劳动力。劳动力由此被商品化，资本家阶级和工人阶级在市场上平等地对立着：他们进行的是等价交换。

一旦资本家购买了劳动力，劳动的生产率就作为资本的生产率而出现。劳动的创造力凝结进入资本之中。工人的贡献以工资表达，因此生产的成果被看作资本的成果。价值和剩余价值分别转化为价格和利润，从而不等价交换转换成了等价交换。

关于转形和马克思基本定理的重要性，森岛做了如下总结

（Morishima，1973，p. 86）：

> 转形问题的目的是，要说明"社会总资本对劳动的总剥削"，在资本主义经济中，如何因价格背离价值而被掩盖的；另一个目的是，要说明活劳动是如何能成为利润的唯一来源的。

关于利润的社会来源，鲍莫尔同样主张（Baumol，1974a，p. 59）：

> 价值理论的要旨可总结如下：产品的确是由劳动和自然资源共同生产出来的。但劳动才是生产的重要社会源泉，不是无机的"土地"。因此，利润、利息和地租都来自劳动，且加总额（同义反复地）等于由劳动生产的总价值减去工人自身消费的价值。竞争过程看上去说明了土地是地租的来源，资本是利润和利息的来源，但这只不过是一种分配现象，掩盖了劳动是产出唯一重要的社会源泉这一事实。这就是马克思价值理论和转形分析的意义所在。

也就是说，马克思的价值理论的核心在于解释了利润的社会源泉，以及利润的来源被社会系统本身所隐藏。因为如果想用价格来保证所有产业资本的各部分都有效利用，那么私有资本就需要价值到价格的转化。[11]

4. 批判的进一步延伸。

马克思基本定理指出了利润率和剩余价值率为正值是"等价的"。针对这一结论，斯蒂德曼和萨缪尔森对这个理论的有效性提出了质疑。

萨缪尔森主张：首先，马克思的价值和剩余价值理论可以根据主流经济学发展出来；其次，马克思基本定理和转形理论，同样可以从相反的方向进行解释，即用利润率来说明剩余价值率：他进行了一个"拙劣的模仿"，目的是论证价格是价值的基础（Samuelson，1974，p. 417）。

斯蒂德曼同时也主张马克思基本定理并不能正确地解释利润率为什么为正，因为"它是可正可负的"（Steedman，1977，p. 58），而且他认为（Steedman，1977，p. 58）：

> 马克思最重要的新古典派批判者庞巴维克（Böhm Bawerk）也并没有否定剩余劳动的存在，而是试图证明它的存在是由于"时间偏好"和"迂回性生产的生产率"。

换句话说，如果从不同的概念出发，主流经济学同样能得到变形后的马克思基本定理。

他们有两个批判性的评论：首先，等价性并不说明任何问题；其次，甚至新古典派经济学同样能给予利润率的正值性一个基础，比如时间偏好或迂回性生产的生产率。所以，劳动并不是利润的来源。

5. 这里我们不想占用更多的时间来讨论，在马克思基本定理中到底是谁决定了谁。但有一点很明确，现实或现象世界是价格的世界而不是价值的世界。科学的使命之一是解释现象，而不是以现象来解释现象本身。

因此，就马克思基本定理来讲，用价值和剩余价值来说明价格和利润是正确的。要注意的是，马克思基本定理中，二者的等价性可表述为两个终点的统一：价格和利润的背后存在价值和剩余价值，即必要条件 = 下降方向，价值和剩余价值分别被转化为价格和利润，即充分条件 = 上升方向。等价性需要谨慎的解释，但不可忽视其重要性。

劳动能否独立成为利润的来源也许已超出了数学讨论的范畴，故而在此不再进一步论述。

然而，需要重申的是，马克思价值理论的基础是劳动概念，商品关系即生产价格体系的基础是生产中人与人的关系即价值体系，这两种基础性关系是一致的。马克思价值理论的核心存在于马克思基本定理之中。

另外，马克思基本定理为讨论市场提供了一个基础，这一点同样很重要。它揭示了为什么在市场中能产生利润，但并没有进一步给出市场功能的线索。

主流经济学涉及解释市场功能或者市场行为，而马克思经济学更多地涉及市场的基础——为什么能产生利润。很明显，二者有着不同的目的——它们讨论资本主义经济的不同侧面。所以，森岛说马克思和瓦尔拉斯（Léon Walras）是李嘉图的两个重要继承者，这是对的。

最后有必要提及的是，马克思基本定理揭示了增长可能性的超历史性基础，正是在这一基础上，产生了剥削。从这个意义来说，马克思基本定理给出了产生剥削的原因：剥削是一种经济再生产过程，这一过程是建立在剩余劳动基础之上，通过生产资料的私人所有和劳动力的商品化，以资本积累的形式实现的。如果没有可再生产性，就没有剥削。

第二章　固定资本与价值理论

引　言

里昂惕夫经济框架也存在局限性。如果相继去除里昂惕夫经济的规定条件，那么马克思价值理论的有效性就可能会被质疑。

本章将去除条件（F.1），考虑一种容许固定资本存在的经济。[1]

尽管古典经济学很早就开始关注联合生产问题，如肉与皮革的同时生产，但冯·诺伊曼是最早试图利用联合生产分析框架来解决固定资本问题的人。冯·诺伊曼的处理方法是某一生产过程期初使用的 s 岁固定资本，在期末被转化为 $s+1$ 岁的固定资本：旧固定资本同其他种类的商品一起被联合生产出来。本章将采用联合生产框架处理固定资本，但仍然不考虑广义联合生产。

本章的两节讨论价值、价格和物量体系，其中固定资本保持恒定效率直到折旧年限。置盐和中谷以及盐泽（Shiozawa，1975）已经论述过恒定效率条件下的价值、价格以及马克思基本定理。本章亦研究物量体系，并从双重对偶的观点来回顾整个讨论。这样做的目的是，一旦引入固定资本，价值与价格分析的重要特点就会更加清晰。

第一节 狭义简单经济下的价值与价格

1. 固定资本是唯一联合生产物的经济称为简单经济，它满足以下条件（Shiozawa，1975）。

（F.5a）固定资本具有有限的折旧年限。

（F.5b）固定资本效率与使用年限无关且保持不变。

（F.5c）固定资本的废弃不需成本。

（F.5d）不存在单独生产旧固定资本的生产过程。

追加以下条件的简单经济称为狭义简单经济：

（F.5e）旧固定资本不可转让。

亦即，若经济既满足条件（F.5a）至条件（F.5e）也满足条件（F.2）至条件（F.4）就称为狭义简单经济。

假设经济中存在 n 种 0 岁的产品，这些产品既可被当作固定资本也可以当作非耐久性资本品使用，若忽略它们在使用年限上的区别，这 n 种产品被称为基本品。令：

τ_j：作为固定资本的产品 j 的折旧年限

$\tau = (\tau_1, \tau_2, \cdots, \tau_n)$：折旧年限向量

若将旧固定资本视为另一种产品，则此经济在形式上有 $\sum$ 种产品，且有：

$$\sum = \sum \tau_j \tag{1}$$

这Σ种产品称为普通型产品。

不失一般性的，可以将所有Σ种产品中的前n种视为0岁产品。0岁产品的数字编号称为基本顺序编号。从1到Σ的数字编号称为正规顺序编号，由所有产品按0岁到最大年岁排列成组而定，每个年龄组的产品依据基本顺序编号进行排列。

以商品i的生产过程为例，考虑如下固定资本配比：过程1仅配置0岁的固定资本，过程s的固定资本要比过程$s-1$的固定资本大1岁：过程$s-1$的固定资本被结转到过程s，达到折旧年限的固定资本则被0岁的固定资本所替换：因此，考虑到诸如过程1→过程2→…→过程T→过程1的循环，则有：

$$T = \text{l. c. m.}\,(\tau_1, \tau_2, \cdots, \tau_n) \tag{2}$$

T个过程组成的集合称为产业。因为每个产业包含T个过程，经济中就存在nT个过程，因此狭义简单经济从形式上讲，就是生产Σ种商品的nT个过程：尽管从严格意义来讲，是放松了假设（F.2）。

狭义简单经济可被视为一个以n个产业生产n种基本品的经济，这被称为经济的里昂惕夫基础。

在某产业中，过程1的投入组合决定了该产业其他过程的投入组合，因为投入其他过程的劳动和别的原材料是相同的，与固定资本的年龄无关，而其他过程的固定资本组合同样是由过程1衍生出来的。因此，于每个产业中过程1的投入组合被称为基本投入组合。

因为每个产业过程1的固定资本组合仅包含0岁的固定资本，所以该组合可用一个$n \times 1$阶向量来表达，称为基本固定资本投入。

根据商品的形式类别，其他过程的固定资本投入可用$\sum \times 1$阶向量表示，鉴于非耐久性资本品均为 0 岁的，故非耐久性资本品的投入基本上可表示为$n \times 1$阶向量。

对于产业i，令：

$^{\nu}\tilde{k}^{i}$　$\sum \times 1$：过程ν的固定资本投入

k^{i}　$n \times 1$：基本固定资本投入向量

a^{i}　$n \times 1$：非耐久性资本品投入向量

L_{i}：劳动投入

$K^{*i} = (^{1}\tilde{k}^{i}, ^{2}\tilde{k}^{i}, \cdots, ^{T}\tilde{k}^{i})$　$\sum \times T$：固定资本投入矩阵

$A^{i} = (a^{i}, a^{i}, \cdots, a^{i})$　$n \times T$：非耐久性资本品投入矩阵

$A^{*i} = \begin{pmatrix} A^{i} \\ 0 \end{pmatrix}$　$\sum \times T$：增广非耐久性资本品投入矩阵

$L^{i} = (l_{i}, l_{i}, \cdots, l_{i})$　$l \times T$：劳动投入向量

于是，经济全体的投入结构可表示为：

$$\mathbb{A} = (K^{*1} + A^{*1}, K^{*2} + A^{*2}, \cdots, K^{*n} + A^{*n})$$

以及

$$\mathbb{L} = (L^{1}, L^{2}, \cdots, L^{n})$$

至于产出结构，我们需区分新产品和旧固定资本。对于产业i，令：

$^{\nu}\tilde{b}^{i}$　$\sum \times 1$：过程ν产出的旧固定资本

$B^{*i} = (^{1}\tilde{b}^{i}, ^{2}\tilde{b}^{i}, \cdots, ^{T}\tilde{b}^{i})$　$\sum \times T$：旧固定资本产出矩阵

$I^{*i} = (e^{i}, e^{i}, \cdots, e^{i})$　$\sum \times T$：0 岁产品的产出矩阵

则经济全体的产出矩阵可表示为：

$$\mathbb{B} = (B^{*1} + I^{*1}, B^{*2} + I^{*2}, \cdots, B^{*n} + I^{*n})$$

再考虑到过程的循环，可知：

$$
{}^{\nu}\tilde{b}^{\,i} = {}^{\nu+1}\tilde{k}^{\,i} - {}^{\nu+1}\tilde{k}^{\,i}_{\mathrm{I}} \tag{3}
$$

其中，${}^{\nu+1}\tilde{k}^{\,i}_{\mathrm{I}}$ 是将 ${}^{\nu+1}\tilde{k}^{\,i}$ 的第 $n+1$ 项到第 Σ 项的元素用 0 代替而得到，且 ${}^{T+1}\tilde{k}^{\,i} = 0^{\Sigma}$。因此，有：

$$
B^{*i} = K^{*i}E^{T} - \begin{pmatrix} I_{n} & 0 \\ 0 & 0 \end{pmatrix} K^{*i}E^{T} \tag{4}
$$

其中，$E^{T} = (e^{2}, e^{3}, \cdots, e^{1})$，$T \times T$ 阶，是一个置换矩阵。

2. 投入产出关系确定后，我们接下来就可以确立价值和价格体系。令：

$K = (K^{1}, K^{2}, \cdots, K^{n})$ $n \times n$:基本固定资本投入矩阵

$A = (a^{1}, a^{2}, \cdots, a^{n})$ $n \times n$:基本非耐久性资本投入矩阵

$L = (L^{1}, L^{2}, \cdots, L^{n})$ $1 \times n$:基本劳动投入向量

F $n \times 1$:工资品束

w $1 \times n$:0 岁产品的价值向量

w^{0} $1 \times (\Sigma - n)$:旧固定资本的价值向量

$\tilde{w} = (w, w^{0})$:价值向量

p $1 \times n$:0 岁产品的价格向量

p^{0} $1 \times (\Sigma - n)$:旧固定资本的价格向量

$\tilde{p} = (p, p^{0})$:价格向量

π:利润率

$\omega = pF$:工资率

$\Psi_{i}(\pi) = \dfrac{1}{\sum\limits_{0}^{\tau_{i}-1}(1+\pi)^{s}}$:固定资本折旧率（根据年金法）

$\Psi = (\Psi_{1}, \Psi_{2}, \cdots, \Psi_{n})$:固定资本折旧率向量

现在，各种形式类别的产品价值体系可表示为：

$$\tilde{w} \mathrm{B} = \tilde{w} \mathrm{A} + \mathrm{L} \qquad (5)$$

此公式可简化为：

$$w = w(\hat{\tau}^{-1}K + A) + L \qquad (6)$$

同样，价格体系可表示为：

$$\tilde{p} \mathrm{B} = (1 + \pi) \tilde{p} (\mathrm{A} + F \mathrm{L}) \qquad (7)$$

可简化为：

$$p = p[\pi K + \hat{\Psi}(\pi)K + (1 + \pi)(A + FL)] \qquad (8)$$

价值体系即式（5）和价格体系即式（8）似乎是未定的，但 0 岁产品的价值和价格可独立于旧固定资本的价值和价格而被决定。[2]

令：

$$\Psi(\pi) = \pi K + \hat{\Psi}(\pi)K + (1 + \pi)(A + FL)$$

且易得 Pd. C. 和 Pf. C. 可以应用于式（5）和式（8）。

我们可做以下假设：

$$A \geqq 0, K \geqq 0, \tau_i > 0; F \geqq 0^n \qquad (A.1)$$

$$L_i > 0 \qquad (A.2)$$

$$\Psi(0) \text{ 为不可约} \qquad (A.3)$$

且，如前所述，定义剩余价值率为：

$$\mu = \frac{1}{wF} - 1 \qquad (9)$$

则可得到由置盐和中谷证明的定理。

定理 I （马克思基本定理）存在 $\pi > 0$，$p \geq 0_n$ 满足式（8），当且仅当 $\rho\ (\hat{\tau}^{-1}K + A)\ < 1$ 和 $\mu > 0$。

第二节 物量体系与实物更新

1. 我们将从物量体系的角度来研究固定资本的实物更新，并将其与价值或者价格体系中的固定资本折旧相比较。

我们考虑一个以均衡增长率增长的经济。令：

x^i　$T \times 1$：产业 i 的强度向量

$$x = \begin{pmatrix} x^1 \\ x^2 \\ \vdots \\ x^n \end{pmatrix} \quad nT \times 1：经济的强度向量$$

$$\mathbb{F} = \begin{pmatrix} F \\ 0^{\Sigma-n} \end{pmatrix} \quad \Sigma \times 1：增广工资品束$$

q_i：商品 i 的产出

$$q = \begin{pmatrix} q_1 \\ q_2 \\ \vdots \\ q_n \end{pmatrix} \quad n \times 1：0 岁产品的产出向量$$

g：均衡增长率

U　$n \times 1$：资本家消费向量

$$U^* = \begin{pmatrix} U \\ 0^{\Sigma-n} \end{pmatrix} \quad \Sigma \times 1：增广资本家消费向量$$

$\mathbb{K} = (K^{*1}, K^{*2}, \cdots, K^{*n})$：经济的固定资本投入矩阵

$\iota = (\iota_1, \iota_2, \cdots, \iota_n)$：更新率向量 $[\iota_i(g) = \Psi_i(g)]$

均衡增长的方程体系可表示为：

$$\begin{pmatrix} q \\ 0^{\Sigma - n} \end{pmatrix} + (B^{*1}, B^{*2}, \cdots, B^{*n})x = (1 + g)(\mathbb{K} + \mathbb{A} + \mathbb{FL})x + U^* \quad (10)$$

可简化为：

$$q = [\hat{\iota}(g)K + gK + (1 + g)(A + FL)]q + U \quad (11)$$

式（11）的右边显示了在里昂惕夫基础的物量体系下，产品用于更新、积累和资本家消费的分配状况。

2. 很容易看出式（11）中的系数矩阵可以写为 $\boldsymbol{\Psi}(g)$，因此式（11）又可被写为：

$$q = \boldsymbol{\Psi}(g)q + U \quad (11')$$

我们可以得出如下定理。

定理 II （基本对偶关系）存在满足式（11）的 $g > 0$ 和 $q \geqslant 0^n$ 等价于存在满足式（8）的 $\pi > 0$ 和 $p \geqslant 0_n$。

也就是说，和里昂惕夫经济一样，狭义简单经济的里昂惕夫基础同样具有较强的基本对偶关系：基于里昂惕夫基础的增长可能性和可获利润性是等价的。

然而，一般来讲利润率与增长率是不一致的，因此固定资本的折旧总量与实物更新总量也不一致。下面我们来讨论一下二者间的数量差异。

由众所周知的剑桥方程式，可知：

$$g \leqslant \pi$$

故而有：

$$\boldsymbol{\Psi}(\pi) \leqslant \iota_i(g) \leqslant \iota_i(0) = \frac{1}{\tau_i}$$

若资本家阶级把部分利润消费掉，就没有足够的实物来更新折旧。因此，要保证有足量的实物更新，那么利润至少要大于净投资加资本家消费：

$$\pi p(K + A + FL)q = gp(K + A + FL)q + pU + [\,p\hat{i}(g)Kq - p\hat{i}(\pi)Kq\,]$$

$$(12)$$

因此，如果要保持固定资本的数量，"真正"的折旧量应该以更新率即增长率，而不是折旧率即利润率来确定。折旧的部分应当以"超提折旧"的形式从利润中扣除[3]——也就是式（12）的中括号部分。

然而，有：

$$\frac{\mathrm{d}}{\mathrm{d}g}\Big(\frac{p\hat{i}(g)Kq - p\hat{i}(\pi)Kq}{\pi p(K + A + FL)q}\Big) < 0$$

因此这个"超提折旧"会对资本家消费产生一定的限制。

此外，折旧率的最大值就是更新率，而更新率的最大值是以价值计算的折旧率。在利润率为正的简单再生产经济中，固定资本 i 的更新率为 $1/\tau_i$。这就意味着，与其说价值体系与经济的零利润率状态相关，倒不如说与经济的零增长率状态相关。

此含义可以例证如下。

取经济变量 x_t 代表经济状态，比如说产出。设经济的实际轨迹为 $A_1A_2\cdots A_n$。假定经济处于简单再生产状态，可以用一组线段 $\overline{A_jB_j}$ 近似地表示实际动态轨迹（见图 2-1），这里 A_j 和 B_j 分别由 (j, x_j) 和 $(j-1, x_j)$ 得出。

简单再生产的经济是现行状态的自我重复。这样一来，我们可以更精确地观察到现行经济状态的性质。

同时，在均衡增长分析中，经济状态可由均衡增长路径进行近

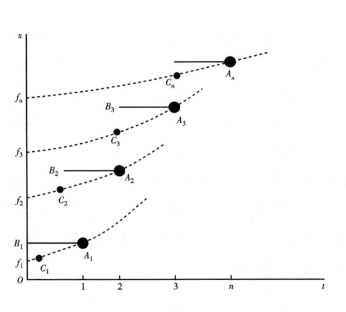

图 2 - 1　经济轨迹

似。在技术条件和工资水平已知的情况下，可以计算均衡增长率
g_t，且 $f_t = (1 + g_t)^{-1} x_t$。于是，实际的经济轨迹可由 $\overset{\frown}{A_j C_j}$ 的弧长进
行近似，其中 C_j 由 $[j - 1, (1 + g_j)^{j-1} f_j]$ 给出。

3. 至此我们发现，狭义简单经济下的价值和价格体系可被简
化为关于 0 岁产品的子体系，同时可以在狭义简单经济的里昂惕夫
基础上考察均衡增长。

此外，必须指出的是，物量体系可以从狭义简单经济情况即式
（10）简化为里昂惕夫基础情况即式（11），这与价值和（或）价
格体系的简化略有不同，因为在物量体系的简化中，不同形式类型
的产品需要进行加总。既然"真实摊销量"在物量体系中已被确
定，那么年金法的核心就在于识别相同基本类型的旧固定资本。

然而，可以确定的是，狭义简单经济可由其里昂惕夫基础表示，

因为前者的可生产性、可获利润性以及可再生产性都与后者相同。

应当明确，上述狭义简单经济代表了一种稳态（Stationary State）：若所有 0 岁固定资本的投资始于同一期间且此后一直持续，或若固定资本被用到报废为止，或若不存在旧固定资本的交易市场，这样的经济就是狭义简单经济。

因为条件（F.5e），在狭义简单经济的框架下不考虑固定资本在生产过程中没有使用就被闲置起来的情况，也不处理固定资本的存量问题。但如果知道固定资本系数，狭义简单经济的框架就可以应用到经济计量分析中去。

4. 若固定资本的效率会随使用年限而改变，那么分析的框架会做进一步扩展，我们将在后续章节进行讨论。

第三章 联合生产与价值理论

引言——问题的提出

1. 我们已经证明，在里昂惕夫经济或狭义简单经济下，马克思价值理论的主要结论是成立的。但在这两类经济中，广义上的生产技术选择、固定资本和联合生产都被剔除了。

存在生产技术选择、固定资本和联合生产的经济称为冯·诺伊曼经济。换句话说，冯·诺伊曼经济就是只保留条件（F.4）的线性生产技术经济。因为冯·诺伊曼经济代表先进的、复杂的和现代的生产结构，所以我们可通过该框架在更一般的意义上讨论价值理论。

本章的目的是，在冯·诺伊曼经济框架下通过方程体系扩展马克思的价值理论，并研究价值理论的一些应用。

2. 森岛和斯蒂德曼曾指出冯·诺伊曼经济下的马克思价值理论的难点（Morishima，1973，ch. 14；Steedman，1975）。作为导论，我们来总结一下他们的主要论点和所做的例证。

森岛提出的难点是，在冯·诺伊曼经济下价值可能为负值。森岛认为，马克思价值理论的主要功能是将微观经济产业归总为宏观的部门，产品价值就是归总的权数。且此时的价值体系要求：（1）非负、（2）唯一，以及（3）独立于市场状况。然而，我们不难发现，在下述情况中，条件（1）并未得到满足。

假设经济中存在两种商品和一种劳动。商品分别为：商品 1（非耐久性资本品），商品 2（新固定资本），商品 3（旧固定资本）。经济的投入产出构造如表 3-1 所示。

表 3-1　经济的投入产出结构（1）

	投入矩阵			产出矩阵		
商品 1	0.7	0.9	0.2	1	1	0
商品 2	0.5	0	0	0	0	1
商品 3	0	0.5	0	0.5	0	0
劳动	1	1	0.5	—	—	—

通过求解以下价值体系：

$$w_1 + 0.5w_3 = 0.7w_1 + 0.5w_2 + 1$$
$$w_1 = 0.9w_1 + 0.5w_3 + 1$$
$$w_2 = 0.2w_1 + 0.5$$

可得：$w_1 = 7.5$，$w_2 = 2.0$，$w_3 = -0.5$。也就是说，尽管表 3-1 代表的经济是具有可生产性的，但商品 3 的价值为负。[1]

斯蒂德曼进一步例示了，不仅可能存在负价值，而且可能同时存在负的剩余价值率和正的利润。

表 3-2 描述的是具有两种商品两个生产过程结构的经济。

表 3 – 2   经济的投入产出结构（2）

	投入		产出		工资品
商品 1	5	0	6	3	3
商品 2	0	10	1	12	5
劳动	1	1	—	—	—

该经济是具有可生产性的，所以存在正的价格和正的利润率。由：

$$(1 + r)5p_1 + 1 = 6p_1 + p_2$$
$$(1 + r)10p_2 + 1 = 3p_1 + 12p_2$$

可得：$r = 20\%$，$p_1 = 1/3$ 和 $p_2 = 1$。此处工资为后付。

而商品的价值是：

$$5w_1 + 1 = 6w_1 + w_2$$
$$10w_2 + 1 = 3w_1 + 12w_2$$

可得：$w_1 = -1$，$w_2 = 2$。假设此时进行生产的有 5 个单位的过程 1 和 1 个单位的过程 2，则有：

$$总劳动 = 6$$
$$总可变资本 = 7$$

因此，即使利润率为正值，也有：

$$剩余价值 = -1$$

由此，斯蒂德曼对马克思基本定理的有效性提出了质疑，并主张马克思的价值理论为多余之物，应予以摒弃。

我们接下来将讨论这些反例是否可能存在。

第一节　可生产性、价值和劣等生产过程

1. 假设冯·诺伊曼经济下用 n 个过程生产 m 种商品。经济的投入产出构造可表述为：

A　$m \times n$：投入矩阵
B　$m \times n$：产出矩阵
L　$1 \times n$：劳动向量

令：

$$D = B - A：净产品矩阵$$
$$\tilde{D} = \begin{pmatrix} D \\ -L \end{pmatrix}：活动矩阵$$

且，可用 D 定义净产品的生产可能性空间：

$$\mathbb{P}(D) = \{Dx \mid x \geqq 0^n\}$$

如常，令：

x　$n \times 1$：强度向量
y　$m \times 1$：净产品向量

同时，将净产品向量定义为：

$$y = Dx \tag{1}$$

如前所述，经济必须具有可生产性。冯·诺伊曼经济的可生产性条件可以规定为：[2]

$$\exists x \geqq 0^n : Dx > 0^m \tag{Pd. C.}$$

在可生产性经济下，对于某一 $y > 0^m$，式（1）存在解 $x \geqq 0^n$：

因此存在 D 的广义逆[3]矩阵，满足：

$$DD^- y = y \qquad (2)$$

式（1）的解可表示为：

$$x = D^- y \qquad (3)$$

强可生产性条件是：

$$\forall y \geqq 0^m, \exists x \geqq 0^n : y = Dx \qquad (\text{S. Pd. C.})$$

显而易见，强可生产性意味着可生产性，但逆命题在冯·诺伊曼经济下不成立，这是区别于里昂惕夫经济情况的。强可生产性经济的生产可能性空间包含商品空间的第一象限 $\mathbb{R}^m_+$，亦即：

$$\mathbb{R}^m_+ \subseteq \mathbb{P}(D)$$

但可生产性经济的生产可能性空间与 $\mathbb{R}^m_+$ 存在交集，即：

$$\mathbb{R}^m_+ \cap \mathbb{P}(D) \neq \varnothing$$

现在，如常假设：

$$A \geqq 0, B \geqq 0, L \geqq 0_n \qquad (\text{B.1})$$

命题 1　S. Pd. C. $\Rightarrow \exists D^- \geqq 0$

证明：

把 $y = e^j$（$j = 1, 2, \cdots, n$）代入式（3），即可得出结论。

（证毕）

但逆命题并不成立。事实上，存在满足 $D^- \geqq 0$ 的可生产性经济，但此经济并不具有强可生产性。

在里昂惕夫经济下，由于 S. Pd. C. 等价于 Pd. C.，故而总能将

$(I-A)^{-1}$ 视为非负矩阵。然而，在冯·诺伊曼经济下，只有在特定的情况下才能得出 $(I-A)^{-1} \geqslant 0$ 的一般化，即 $D^- \geqslant 0$。这是值得注意的第一点。

2. 马克思的价值的第一定义，即 M_1 价值，可以做如下扩展。令：

$$w \quad 1 \times n : M_1 \text{ 价值向量}$$

则价值方程可扩展为：

$$wB = wA + L \qquad (4)$$

此方程的解即 M_1 价值。

然而，方程（4）不总是有解。因此，我们引入以下条件：

$$\text{rank } D = \text{rank } \tilde{D} \qquad (\text{V. S.})$$

此条件是方程（4）有解的充要条件，且可写成：

$$LD^- D = L \qquad (5)$$

此条件的含义是，劳动向量 L 与矩阵 D 的各行互为制约：D 的各行表示净产品是如何分配到各生产过程的，而 L 又受到这种分配形式的影响。

简单里昂惕夫经济满足条件 V. S.，而容许选择生产技术的广义里昂惕夫经济却并不满足条件 V. S.。[4] 简单经济满足条件 V. S.。

若满足条件 V. S.，方程（4）就可解，其解可表示为：

$$w = LD^- \qquad (6)$$

长方形矩阵 D 的广义逆矩阵含有参数，故而不是唯一的。因此，由式（6）表示的 M_1 价值即使存在，也不是唯一的。条件 V. S. 的引入是我们值得注意的第二点。

现在，我们考虑一下所谓的"安乐乡不可能"（Impossibility of Land of Cockaigne）[①] 公理（Koopmans，1951，p. 50）：

$$\{x \mid \tilde{D}x \geqslant 0^{m+1}, x \geqslant 0^n\} = \varnothing \qquad (\text{Im. C.})$$

生产活动中劳动的不可或缺性可表示为：

$$x \geqslant 0^n, Dx \geqslant 0^m \Rightarrow Lx > 0 \qquad (\text{Id. L.})$$

于是，有以下命题。

命题 2　Im. C. $\Leftrightarrow$ Id. L. 。

证明：

Im. C. 的等价是：对于 $\forall x \geqslant 0^n$，$\tilde{D}x \geqslant 0^{m+1}$ 不成立。若有 $Dx \geqslant 0^m$ 以及 $x \geqslant 0^n$，则有 $-Lx < 0$，即 $Lx > 0$，于是 Id. L. 成立。

反之显然成立。　　　　　　　　　　　　　　　　　　　（证毕）

接下来，我们假设：[5)]

生产活动中劳动是必不可少的:Id. L. 成立　　　（B. 2）

下面我们看一下满足条件 V. S. 的冯·诺伊曼经济是否存在正的价值。

命题 3　假定条件 V. S. 成立，则有：

$$wy = Lx$$

[①]　《安乐乡》（*Land of Cockaigne*）是老彼得·勃鲁盖尔（Pieter Bruegel the Elder）于 1567 年创作的一幅油画，描绘了"不用工作也不愁吃喝"的乌托邦。——译者注

证明：

根据式（5）和式（6），可得：

$$wy = LD^- Dx = Lx \qquad \text{（证毕）}$$

命题 4 假定条件 V. S. 成立，则至少有 1 个商品的 M_1 价值为正：$w \nleqq 0^m$。

证明：

对于 $y \geqq 0^m$ 有 $Lx > 0$，由命题 3 可知 $w \nleqq 0^m$。 （证毕）

如上可知，商品的价值不可能全部为负。然而，正如森岛和斯蒂德曼提出的，部分商品的价值可能为负。

为了解释为什么可能出现负的价值，我们引入以下定义。

定义 1 （劣等生产过程）J 类生产过程相较 I 类生产过程（对于产品 s 来说）是劣等的，若存在 $k_i \geqq 0$，使得：

$$\sum_{i \in I} k_i \, \tilde{d}^i \geq \sum_{j \in J} k_j \, \tilde{d}^j \qquad (7)$$

（对于产品 s 则为 $>$）。其中，$I, J \subset \{1, 2, \cdots, n\}$，$I \cap J = \varnothing$，$\tilde{d}^i$ 是 $\tilde{D}$ 的第 i 列。[6]

显然，劣等生产过程 J 与生产过程 I 相比，需要较多的投入却只能生产较少的净产品 s。在此需要注意的是，是否为劣等生产过程不受商品定价的影响。

由此，我们可以得出以下定理。

定理 I 当且仅当经济中没有劣等生产过程发生时，M_1 价值才为正。

证明：

仅应用施蒂姆克（Stiemke）定理即可证明。[1] 实际上，实施劣等生产过程等价于 $\tilde{D}z \geqslant 0^{m+1}$ 可解，也等价于 $\tilde{w} > 0_{m+1}$：$\tilde{w}\tilde{D} = 0_n$ 无正值解。即不存在 $w > 0_m$，其中 $\tilde{w} = (w, 1)$。（参照引理 13。） （证毕）

我们再详细地看一下定理当中的"仅当"部分，即可知哪些商品才有非正的价值。

推论 若商品生产中某些生产过程为劣等，则在这些商品中，至少有一个价值非正。

证明：

为不失一般性，分别将生产过程和商品分成两组：商品I的生产中任何过程均为非劣等的。在商品II的生产中，过程I非劣等，过程II相对于I为劣等生产过程。对应I、II可将 D、L、w 分割为：

$$D = \begin{pmatrix} D_{\mathrm{I,I}} & D_{\mathrm{I,II}} \\ D_{\mathrm{II,I}} & D_{\mathrm{II,II}} \end{pmatrix}, L = (L_{\mathrm{I}}, L_{\mathrm{II}}), w = (w_{\mathrm{I}}, w_{\mathrm{II}})$$

方程（4）可改写为：

$$\begin{aligned} w_{\mathrm{I}} D_{\mathrm{I,I}} + w_{\mathrm{II}} D_{\mathrm{II,I}} &= L_{\mathrm{I}} \\ w_{\mathrm{I}} D_{\mathrm{I,II}} + w_{\mathrm{II}} D_{\mathrm{II,II}} &= L_{\mathrm{II}} \end{aligned} \tag{8}$$

而对某一 $z = {}^t(z_{\mathrm{I}}, z_{\mathrm{II}}) \geqslant 0^n$，方程（7）可写成：

$$\begin{aligned} D_{\mathrm{I,I}} z_{\mathrm{I}} &= D_{\mathrm{I,II}} z_{\mathrm{II}} \\ D_{\mathrm{II,I}} z_{\mathrm{I}} &> D_{\mathrm{II,II}} z_{\mathrm{II}} \\ L_{\mathrm{I}} z_{\mathrm{I}} &\leqslant L_{\mathrm{II}} z_{\mathrm{II}} \end{aligned} \tag{9}$$

将方程体系（8）的两个等式分别乘以 z_{I} 和 z_{II}，并将两边相

---

[1] Stiemke 定理是数学规划中"择一定理"（Theorems of the Alternative）的一部分，可参见 Stiemke, E. （1915）. "Über positive Lösungen homogener linearer Gleichungen," *Mathematische Annalen*, 76, pp. 340 – 342。——译者注

减。由式（9a）和式（9c）可得：

$$w_{\text{II}}(D_{\text{II},\text{I}}z_{\text{I}} - D_{\text{II},\text{II}}z_{\text{II}}) < 0$$

再根据式（9b），$w_{\text{II}} \not\geq 0_{\partial}$，其中 $\partial = \text{card. } J$。　　　　　　（证毕）

需要注意的一点是，我们无法判明 w_{I} 是否为正。

上述定理和推论阐明了为什么森岛和斯蒂德曼的反例会导致负的价值：他们举出的反例包含劣等生产过程。[7]

3. 在里昂惕夫经济中，可生产性等价于正的 M_1 价值存在，这一点很关键。然而，在冯·诺伊曼经济中却不存在此类强对偶关系。价值方程的可解性和生产过程的劣等性均独立于经济的可生产性。这是值得注意的第三点。

有一类冯·诺伊曼经济是里昂惕夫经济的直接扩展，可按以下进行构造。

首先，不难看出，若满足条件 V. S.，强可生产性经济即里昂惕夫经济的直接扩展。在强可生产性经济下有以下命题。

命题 5　假定条件 V. S. 成立，则有：S. Pd. C. $\Rightarrow w \geq 0_m$。

实际上，由命题 1，即可得 $w = LD^- \geq 0_m$。

该直接扩展的要点在于 $D^- \geq 0$。因此，此类冯·诺伊曼经济满足:1

$$\exists D^- \geq 0 \qquad\qquad (\text{P. g. I.})$$

不难看出，条件 P. g. I. 比条件 S. Pd. C. 要弱。在下面的讨论中，我们会屡次提及条件 P. g. I.，并不是因为它具有重要的经济意义，而是因为从满足该条件的经济出发，可以更有深度地研究冯·诺伊曼经济下的价值理论论争。

第二节　价值的其他定义

本节的目的是介绍价值的其他定义，并讨论这些定义是否相互等价。

马克思的商品价值的第二定义，即 M_2 价值，是生产 1 单位净产品直接或间接需要的劳动量。（定义 I – 4）

与里昂惕夫经济不同的是，广义联合生产体系下的 M_2 价值不能根据等式来定义，因为一般来说，不可能只产出 1 单位的某种净产品而无其他额外联合产品。因此，M_2 价值应由不等式来表示。

令：

$$w^* \quad 1 \times m : M_2 \text{ 价值向量}$$

M_2 价值定义如下：

$$w_i^* = \min\{Lx^i \mid Dx^i \geqslant e^i, x^i \geqslant 0^n\} \tag{10}$$

我们可得如下定理。

定理 II　具有可生产性的冯·诺伊曼经济存在唯一的 M_2 价值：Pd. C. $\Rightarrow \exists w^* \geqslant 0_m$。

证明：

若 Pd. C. 成立，则式（10）的线性规划问题有一个最优解，因此 w_i^* 唯一且非负。　　　　　　　　　　　　（证毕）

也就是说，M_2 价值与经济的可生产性相关。

将 M_1 价值和 M_2 价值进行比较，则有以下命题。

命题 6　假设 Pd. C. 和 V. S. 成立，则有：

（i）若 M_1 价值为正，则它小于 M_2 价值：$w \geqslant 0_m \Rightarrow w^* \geqslant w$。

（ii）当且仅当 S. Pd. C. 成立，才有 M_1 价值与 M_2 价值相等：$w^* = w \Leftrightarrow$ S. Pd. C. 。

证明：

（i）将式（10）左乘 $w = LD^-$（$\geqslant 0_m$），则有：

$$Lx^i = LD^- y^i \geqslant LD^- e^i$$

亦即 $w^* \geqslant w$，其中 $y^i = Dx^i \geqslant e^i$。

（ii）易证对于所有的 i，当且仅当 $y^i = e^i$ 时，$w^* = w$。这又等价于 S. Pd. C. 。 （证毕）

由上可知，在冯·诺伊曼经济中，M_1 价值和 M_2 价值一般是不相等的。M_2 价值的存在要求经济的可生产性，而 M_1 价值却与可生产性无关。另外，在里昂惕夫经济中，S. Pd. C. 与 Pd. C. 等价，且满足条件 V. S.，所以 M_1 价值与 M_2 价值相等。此外，由条件（F. 1）可知，里昂惕夫经济不存在劣等生产过程。这是我们值得注意的第四点。

现在，我们来考虑如下定义。

定义 2 （边际价值）商品的边际价值是，多生产 1 单位的净产品直接或间接需要的劳动量。亦可称为 M_3 价值。

令：

$$w^{**} \quad 1 \times m：边际价值向量$$

可用公式表示为：

$$w_i^{**} = Lx^{*i} - Lx^i \tag{11}$$

在此，有：

$$Bx^i = Ax^i + y, x^i \geqq 0^n$$
$$Bx^{*i} = Ax^{*i} + y + e^i$$

M_1 价值和 M_3 价值的关系可由以下命题阐释。

命题 7 假设 rank $(B-A) = m \leqslant n$，则条件 V. S. 意味着 $w = w^{**}$。

证明：

rank $(B-A) = m \leqslant n$ 意味着子空间 $\mathbb{P}(D)$ 是 m 维凸锥，因此，对于 $\forall i \in \{1, 2, \cdots, m\}$，$y + e^i \in \mathbb{P}(D)$，可知 $\exists y \in \mathbb{P}(D)$。由此可知：

$$w_i^{**} = Lx^* - Lx^i = LD^- e^i$$

故可得 $w = w^{**}$。 （证毕）

需要注意的是，w^{**} 看似依赖于 y，但上面的分析表明并非如此。

LD^- 始终存在，且若满足上述约束条件，则 LD^- 代表 M_3 价值。因为边际价值不取决于条件 V. S.，所以在限制性上比 M_1 价值小。然而，某些商品的 M_3 价值仍可能为负值。

森岛提出将价值定义为影子价格。

定义 3 （最优价值）以下线性规划问题的最优解，称为关于 q 的商品最优价值：

$$\text{Max}\{\Lambda q \mid \Lambda B \leqslant \Lambda A + L, \Lambda \geqslant 0_m\} \tag{12}$$

线性规划（12）的对偶问题可描述如下：

$$\text{Min}\{Lx \mid B_x \geqslant Ax + q, x \geqslant 0^n\} \tag{13}$$

以下命题表明了 M_1 价值、M_2 价值和最优价值的关系。

命题 8 令 Λ^0 为线性规划（12）的解集。

（i）若 Pd. C. 成立，则 $\Lambda^0 \neq \varnothing$。

（ii）若 Pd. C. 和 V. S. 成立以及 $q \subseteq \mathbb{P}(D)$，则 $w \geqslant 0_m$ 意味着 M_1 价值为最优价值：

$$w \geqslant 0_m \Rightarrow w \in \Lambda^0$$

（iii）若 S. Pd. C. 成立，则 M_2 价值为最优价值：$w^{**} \in \Lambda^0$。

证明：

（i）若 Pd. C. 成立，显然线性规划（13）有一个最优解。因此，存在最优价值。

（ii）因为 $q \subseteq \mathbb{P}(D)$，则存在 $x = D^- q \geqslant 0^n$，且

$$\min Lx = \min LD^- q = \min wq$$

成立；同时，由线性规划（12）的 $\Lambda D \leqslant L$ 可知：

$$\Lambda DD^- q = \Lambda q \leqslant LD^- q = wq$$

也就是说，w 是线性规划（12）的最优解。

（iii）存在 $x^j = D^- e^j$，且由于 $q = \sum_j q_j e^j$，有：

$$\min Lx = \min LD^- \sum q_j e^j = \sum w_j^* q_j = \max \sum \Lambda_j q_j$$

即：若 $q = e^j$，则 $w_j^* = \Lambda_j$。 （证毕）

由不等式定义的最优价值将在下一章讨论。

下面我们做如下假设：

经济具有可生产性:满足 Pd. C. （B. 3）

第三节　可获利润与可再生产——马克思基本定理

1. 资本主义经济的最终目的是生产和占有利润。马克思基本定理把剩余价值视为利润的来源，但正如本章引言中所提到的，斯蒂德曼对该定理发起了挑战。

首先，我们对剩余价值率和剩余劳动率进行形式化。如常，令：

$$F \quad m \times 1 : 工资品束$$

且，设以下条件存在：

$$F \geq 0^m \tag{B.1^2}$$

将 1 单位劳动产生的价值量标准化为 1 单位，则剩余价值率可定义为：

$$\mu(w) = \frac{1}{wF} - 1 \tag{14}$$

μ（　）表示 μ 与商品的价值量相关。

显然，若条件 V.S. 成立，则 μ 可求算。但由于 M_1 价值并不是唯一的，所以剩余价值率不能被唯一确定。

现在，必要产出向量可扩展为必要强度向量：令

$$\bar{x} \quad n \times 1 : 必要强度向量$$

且定义：

$$D\bar{x} = FLx \tag{15}$$

于是，剩余劳动率可被定义为：

$$\eta = \frac{Lx}{L\bar{x}} - 1 \qquad\qquad (16)$$

考虑关于工资品束的条件 V. S. 的对偶：

$$F \in \mathbb{P}(D) \qquad\qquad (\text{Wg. C.})$$

此条件意味着，经济能够生产的，是劳动力再生产所需的商品数量，除此外无任何多余产品。于此，可根据 $\bar{x}$ 求解定义式 (15)：Wg. C. 蕴含着：

$$DD^- F = F \qquad\qquad (17)$$

但是，其逆不成立。

至于剩余的两个定义，有以下命题。

命题 9 若 V. S. 和 Wg. C. 成立，则有：

$$\mu(w) = \eta \qquad\qquad (18)$$

证明：由 V. S. 和 Wg. C. 可得：

$$L\bar{x} = LD^- FLx = wFLx$$

因此，根据式 (14) 和式 (16)，可知式 (18) 成立。 （证毕）

在具有可生产性的里昂惕夫经济中，因 Pd. C. 等价于 S. Pd. C.，故有 V. S. 和 Wg. C. 成立，该对偶条件保证了 Wg. C. 和 V. S. 的成立。由此可得出以下推论。

推论 若 V. S. 和 S. Pd. C. 成立，则有 $\mu(w) = \eta$。

可知：

$$\mu(w^*) \geqq \mu(w)$$

以及

$$\mu(w^{**}) = \mu(w)$$

至此，已满足命题 7 所规定的条件。

2. 下面我们来看一下广义可获利润性。令：

$$P \quad 1 \times m : 商品的价格向量$$
$$\Pi \quad 1 \times n : 单位过程的利润向量$$

且有：

$$M = A + C, C = FL, H = B - M \tag{19}$$

可获利润性条件可表示为：

$$\exists p \geqslant 0_m : pH > 0_n \tag{Pf. C.}$$

利润向量可定义为：

$$\Pi = pH \tag{20}$$

于是可以合理地假设，不支付工资是有助于利润增长的。因此，原来的可获利润性条件可被表示为：

$$\exists p \geqslant 0_m : pD > 0_n \tag{P. Pf. C.}$$

在具有可生产性的里昂惕夫经济中，此条件总是被满足的。

现在，我们可以确立以下定理。

定理Ⅲ　（马克思基本定理）若 Wg. C. 成立，则有以下。

（i）若经济是可获利润的，则剩余劳动率为正：Pf. C. $\Rightarrow \eta > 0$。

（ii）若 V. S. 成立，可获利润性蕴含着剩余价值率为正：Pf. C. 和 V. S. $\Rightarrow \mu(w) > 0$。[8]

证明：

（i）Pf. C. 蕴含着存在 $p \geq 0_m$，使：

$$pD - pC > 0_n$$

将此不等式右乘 $D^- FLx \geq 0^n$，可得：

$$(pDD^- F - pCD^- F)Lx = pF(Lx - L\bar{x}) > 0$$

由 $p \geq 0_m$ 和 $F \geq 0_m$ 可知 $pF > 0$。因此，$Lx - L\bar{x} > 0$，亦即，$\eta > 0$。

（ii）由命题 9 即可得证。　　　　　　　　　　　　　（证毕）

推论　假设 P. Pf. C. 和 P. g. I. 成立。剩余价值率为正蕴含着可获利润性：$\mu(w) > 0 \Rightarrow$ Pf. C. 。

证明：

由 P. g. I. 和引理 7 可知，若 $\mu > 0$，则存在 $p \geq 0_m$ 和 $\Pi > 0_n$，满足：

$$p = \Pi D^- (I - Fw)^{-1}$$

于是有：

$$pD - pFLD^- D = \Pi D^- D$$

因此，根据 V. S. 和 P. Pf. C. 可知，存在 $p \geq 0_m$ 和 $\Pi > 0_n$，使得 $pD - pC = \Pi > 0_n$。　　　　　　　　　　（证毕）

显然，从上述定理可以看出，斯蒂德曼反例中的经济并不满足 Wg. C. 。

3. 剩余条件可写为：

$$\exists x \geq 0^n : Hx > 0^m \qquad \text{(S. C.)}$$

令：

s　$m \times 1$：剩余产品向量

且取决于：

$$s = Hx \qquad\qquad (21)$$

可再生产性与剩余价值率的关系可表述如下。

命题 10　设 V. S. 成立，则有：

（i）若 $w \geqq 0_m$，则 S. C. 蕴含着 $\mu > 0$；

（ii）假设 Wg. C. 和 P. g. I. 成立，则 $\mu > 0$ 蕴含着 S. C. 成立。

证明：

（i）S. C. 蕴含着存在 $x \geqq 0^n$，满足：

$$Dx - Cx > 0^m$$

将此式左乘 $w = LD^- \geqq 0_m$，则可得：

$$LD^- Dx - LD^- Cx > 0$$

因此，再根据 V. S.，可知 $Lx - wFLx = (1 - wF)\ Lx > 0$。

由假设（B. 2）可知 $Lx > 0$，于是 $1 - wF > 0$，亦即 $\mu > 0$。

（ii）令 $\nu = D^- F$，则有 $wF = L\nu$，故 $(I - Fw)^{-1} \geqq 0$ 等价于 $(I - \nu L)^{-1} \geqq 0$。（参见引理 7。）

若 $\mu > 0$，根据假定条件可知，存在 $x \geqq 0^n$ 和 $s > 0^m$，满足：

$$x = (I - \nu L)^{-1} D^- s$$

于是有：

$$Dx - DD^- FLx = DD^- s$$

再由 Wg. C. 和 Pd. C.，可将其简化为：

$$Dx - Cx = s \qquad\qquad （证毕）$$

综上所述，可表述为如下所示。

定理Ⅳ 假设 V. S. 、Wg. C. 、P. Pf. C. 和 P. g. I. 成立，此时，剩余价值率的正值性、可获利润性以及可再生产性是等价的。

也就是说，可获利润性和可再生产性的强基本对偶关系，在里昂惕夫经济和狭义简单经济中存在，但在冯·诺伊曼经济中并不一定存在。它存在与否依赖于对偶条件 V. S. 和 Wg. C. 以及正的产品价值。这是我们应注意的第五点。

4. 下面我们来看一下利润率。如常，令：

$$\pi : 利润率$$

均衡可获利润性条件可表示为：

$$\exists \pi > 0, p \geqslant 0_m \qquad (\text{E. Pf. C.})$$

$$pB = (1 + \pi)pM \qquad (22)$$

显然，E. Pf. C. 蕴含着 Pf. C. ，故而可应用定理Ⅲ。但我们要考虑一下它的逆命题。我们引入如下条件：

$$\exists p \geqslant 0_m, \pi^M > 0 : pB = (1 + \pi^M)pA \qquad (\text{P. Pf. C. }')$$

上述条件为 P. Pf. C. 的变形，再给出以下两个假设：

$$I_m M > 0_n \qquad (\text{B. 4})$$

$$\text{P. Pf. C. }' \text{成立} \qquad (\text{B. 5})$$

假设（B. 4）意味着每个生产过程都需要直接和（或）间接投入。

关于均衡利润率的马克思基本定理可描述如下。

定理 V （马克思基本定理）设 Wg. C. 成立，则以下成立。

（i）均衡可获利润性等价于剩余劳动率为正：E. Pf. C. $\Leftrightarrow \eta > 0$。

（ii）设 V. S. 成立，则均衡可获利润性等价于剩余价值率为正：E. Pf. C. $\Leftrightarrow \mu(w) > 0$。

证明：

（i）由 Wg. C. 可知，$\bar{x} = D^- FLx \geqslant 0^n$。以此式右乘式（22），可得：

$$pD\bar{x} = pC\bar{x} + \pi pM\bar{x}$$

亦即：

$$\pi pM\bar{x} = pF(Lx - L\bar{x}) = pF\eta L\bar{x}$$

若 $pF = 0$，由假设（B.5）可知 $\pi > 0$。由定理 III 可知，其逆亦为真。

若 $pF > 0$，由假设（B.4）可知，$\pi > 0 \Leftrightarrow \eta > 0$。

（ii）由命题 9 即可得证。 （证毕）

由此定理可知，若想通过 M_1 价值的剩余价值率为正来解释利润率为正，对偶条件 V. S. 和 Wg. C. 是关键所在。如果满足这两个条件，即使商品价值不全为正，马克思基本定理同样可以成立。

5. 在追加一些条件后，可以将里昂惕夫经济下生产价格和利润率的决定方式扩展到式（22）中。

命题 11 假设 V. S.、Wg. C.、P. g. I. 成立，并令 rank $H = m$。[9] 则 $\pi > 0$ 和 $p \geqslant 0_m$ 由 $Q = MH^-$ 的 Frobenius 根及其对应的特征向量决定：

$$\pi = \frac{1}{\rho(Q)}, \quad p = \theta({}'Q)$$

证明：

π 和 p 满足式（22），亦满足 $pH = \pi p M$。由引理 11（ⅱ）可得：

$$p = \pi p M H^{-}$$

由定理Ⅳ可知，E. Pf. C. 意味着 $\mu > 0$，V. S. 蕴含着 $R({}'C) \subseteq R({}'D)$，由此可得：

$$H^{-} = D^{-}(I - Fw)^{-1} \geqq 0$$

因此，$MH^{-} \geqq 0$。故而可适用 Frobenius 定理。 （证毕）

第四节　转形定理

1. 本节想要说明，在限定条件的冯·诺伊曼经济中，M_1 价值有可能转化为价格。

我们先来看一下基于命题 11 的冯·诺伊曼经济下的转形公式。考虑以下的迭代序列 $\{w^t\}$ 和 $\{\pi^t\}$：

$$
\begin{aligned}
w^{t+1} H &= \pi^t w^t \cdot M \\
\pi^t &= \frac{w^t \cdot Hx}{w^t \cdot Mx}
\end{aligned}
\tag{23}
$$

其中，$w^0 = w$，$x \in \mathbb{R}_+^n$。[10]

将式（23）进行迭代后，可得以下命题。

命题 12　任何 $x \in \mathbb{R}_+^n$ 均满足：

$$w^{t+1} Hx = w^t \cdot Hx (t = 0, 1, 2, \cdots)$$

实际上，将式（23a）右乘 x，再考虑式（23b），即可得出此结论。

此命题的含义是，转形公式即方程体系（23）在将价值转形为价格时，各迭代期的总利润与总剩余价值保持一致。

命题 13 假设 V. S.、Wg. C.、P. g. I. 和 rank $H = m$ 成立，并令 $Q = MH^-$ 为不可约且稳定的。若 $\mu > 0$，则以下成立。

（i）由方程体系（23）形成的迭代公式是收敛的，且有：

$$p^{**} = \lim_{t \to \infty} w^t = \theta(\,^t Q)$$

$$\pi = \lim_{t \to \infty} \pi^t = \frac{1}{\rho(Q)}$$

（ii）$p^{**} Hx = wHx$。

证明：

（i）因为 rank $H = m$，式（23a）可写为：

$$w^{t+1} = \pi^t w^t \cdot MH^-$$

由引理 7 可知，$\mu > 0$ 蕴含着 $(I - Fw)^{-1} \geqq 0$，亦即 $H^{-1} \geqq 0$。由此，$Q = MH^- \geqq 0$。因为 Q 是稳定不可约的，故而可用与置盐（Okishio, 1974）相同的方法证明方程体系（23）生成的迭代公式是收敛的。[11]

（ii）由命题 12 即可得证。 （证毕）

由命题 11 可知价格向量 p^{**} 满足式（12）。p^{**} 表示用总利润等于总剩余价值进行标准化后的价格，从这种意义上说，它是一种绝对生产价格。

2. 关于 M_1 价值转形成价格，命题 I - 7 从形式上可扩展为以下。

命题 14 若如下三个等式中的任意两个成立，则剩下的一个等式亦成立：

$$pBx = wBx$$
$$pMx = wMx$$
$$pHx = wHx$$

（易证。）

因 $p = p^{**}$ 意味着总利润和总剩余价值相等（$pHx = wHx$），所以总价格 = 总价值等价于总成本价格 = 总成本价值。为进一步研究此问题，我们来考虑一下式（22）的对偶。

我们引入冯·诺伊曼增长路径。令：

$$x^c \quad n \times 1：冯·诺伊曼比率$$
$$g^c：冯·诺伊曼增长率$$

它们取决于：

$$Bx^c = (1 + g^c)Mx^c \qquad (24)$$

这种根据等式定义的 g^c 和 x^c，与式（22）中的 π、p 一起，定义了约束条件下的冯·诺伊曼均衡。

命题 15　假设 V. S.、Wg. C.、P. g. I. 以及 rank $H = m$ 成立，则 $\eta > 0$ 蕴含着 g^c 和 x^c 分别取决于 $Q^* = H^- M$ 的 Frobenius 根和与其对应的特征向量：

$$g^c = \frac{1}{\rho(Q^*)}, x^c = \theta(Q^*)$$

证明：

Wg. C. 蕴含着 $R（C）\subseteq R（D）$，于是有 $H = D（I - D^- C）= D（I - vL）$，其中 $v = D^- F$。根据引理 7，若 $\eta > 0$，则 $(I - vL)^{-1} \geq 0$，以及：

$$H^- = (I - vL)^{-1} D^- \geqq 0$$

即根据引理 12，可得 $Q^* = MH^- \geqq 0$。g^c 和 x^c 满足式（24）同时也满足：

$$x^c = g^c Q^* x^c$$

由引理 2 即可得证。　　　　　　　　　　　　　　　　　（证毕）

现在，就此例可得以下推论。

推论　（ i ） $\pi = g^c$；

（ ii ） $p^{**} B x^c = w B x^c$；

（ iii ） $\pi = \dfrac{\mu}{1 + \xi\ (x^c)}$。

（易证。）

因此，可以得知在此类经济中，价值是可能转形为价格的。

第五节　结论

1. 本章讨论的是，那些在里昂惕夫经济中等价的概念，在冯·诺伊曼经济中是否会产生不同的结论。本章还提出了基于价值方程的马克思价值理论的难点：我们列举了相关的 5 个方面。

因为冯·诺伊曼经济中价值方程的可解性与经济的可生产性无关，所以在进行基于 M_1 价值的分析时，需要假设条件 V. S. 成立。一般情况下，M_1 价值不再等于 M_2 价值。

需要强调的是，可获利润性和可再生产性的基本对偶关系在冯·诺伊曼经济中不直接成立。为建立这一对偶关系，必须增加一些条件尤其是价值的非负性。为此，我们需要讨论价值的概念。这是本章最重要的结论之一。

因 M_1 价值不同于 M_2 价值，故剩余价值率也不同于剩余劳动率。为了证明基于 M_1 价值和剩余价值率的马克思基本定理，我们引入了关于工资品的条件 Wg. C. 和条件 V. S.：此二者构成了对偶条件。若不满足条件 Wg. C.，斯蒂德曼的反例就是有意义的。

可以看到，即使条件 V. S. 不成立，若满足条件 Wg. C.，同样可基于剩余劳动率建立马克思基本定理。这为马克思价值理论的进一步一般化提供了一个重要线索。

2. 即使存在 M_1 价值，它的正值性仍与经济的可生产性无关。当且仅当经济中没有劣等生产过程发生时，M_1 价值才为正。

然而，斯蒂德曼主张只要利润率足够高，同样可采用劣等生产过程。

斯蒂德曼的批判是以工资－利润曲线理论为基础的。而我们要注意到，基于工资－利润曲线的技术选择问题并没有考虑动态方面。

既然生产过程的运行是由投资开始的，那么试问，在经济动态过程特别是商业周期的哪一阶段，体现新技术的投资才会发生？关于商业周期和技术选择，马克思可能这样解释：体现新技术的投资始于经济的萧条期，而不是繁荣期：在萧条期，资本被大量的废弃并引进体现新技术的生产过程；而在繁荣期，投资虽然不断扩大，却未必伴随技术的进步。在这种情况下，如果萧条期的利润率极低，那么被选择的技术不可能是劣等的，因此可以获得正的商品价值。

3. 然而，上述论点做出的显然是一个不充分的解释。由定理

IV可知，价值应为正且必须与剩余率相关，故而我们需要一个更为合理的解释。

如上所述，对于 M_2 价值和剩余劳动率的概念仍然存在进一步一般化的空间：由于必要强度向量是由等式定义的，所以本章需要条件 Wg. C.，以剩余劳动来证明马克思基本定理。我们会在下一章中讨论一般化的情况。

第四章 马克思－冯·诺伊曼的
价值理论

引　言

在冯·诺伊曼经济中，若不满足上一章所述的额外条件，基于价值方程的价值理论会遇到难以解决的问题。无疑，设置这些额外条件将限制马克思价值理论的有效性。

若价值方程不可解，则无法求得剩余价值率，但仍可通过剩余劳动率来反映剩余的大小。那么，如何使用一般性术语来定义剩余劳动率呢？

虽然森岛和斯蒂德曼都对马克思的价值理论进行了批判，但森岛同时为马克思价值理论的进一步一般化做了铺垫：他按冯·诺伊曼型的不等式重构了马克思的价值理论，并讨论了马克思基本定理的适用性和重要性。马克思基本定理及冯·诺伊曼相关问题的讨论起初由森岛（Morishima，1974a）以及森岛和卡特弗斯（Morishima and Catephores，1978）提出，在本书中称为马克思－冯·诺伊曼价值理论。

本章的目的就是将马克思－冯·诺伊曼价值理论纳入价值理论的发展框架。

本章将采用与第三章相同的框架和标记符号，并设定类似的假设。基本假设如下：

$$A \geqq 0, B \geqq 0, L \geqq 0_n, F \geqq 0^m \qquad (B.1)$$

$$x \geqq 0^n, Dx \geqq 0^m \Rightarrow Lx > 0 \qquad (B.2)$$

$$满足可生产性条件：\exists x \geqq 0^n : Dx \geqq 0^m (W.Pd.C.) \qquad (B.3)$$

需要注意的是，本章中的 A、B 和 L 均表示可行的技术。同时可生产性条件可被放松。其余的假设和条件会在论述过程中提及。

第一节 最优价值理论

1. 为求得广义的剩余量，我们先给出以下定义。

定义 1 （最小必要劳动）生产工人获得的工资品所需要的最小劳动量称为最小必要劳动。

令：

$$x^a \quad n \times 1：实际强度向量$$

且对于已知的 x^a，可考虑如下线性规划问题（LP.A）：

$$Min\{Lz \mid Bz \geqq Az + FLx^a, z \geqq 0^n\} \qquad (1)$$

显然，此式的最小值即最小必要劳动量。同时它还是劳动生产率的最大化问题。z 的最小值称为：

$$z^0 \quad n \times 1：必要强度向量$$

最小必要劳动表示实际被雇用的工人为生产他们获得的工资品而付出的劳动量，很自然地，我们可以做以下规定。

定义 2　（剩余劳动）剩余劳动是指实际支出的劳动减去最小必要劳动：

$$剩余劳动 = Lx^a - Lz^0$$

这是之前所述的剩余劳动定义的一个扩展。于是，剩余劳动率可被定义为：

$$\eta = \frac{Lx^a}{Lz^0} - 1 \tag{2}$$

这在形式上与传统的定义是一致的。

命题 1　剩余劳动率是被唯一决定的。

证明：

由假设（B.1）可知 LP.A 是可行的，由假设（B.2）又知 $Lz > 0$。即目标函数有下界。因此，LP.A 有一个最优解，且 $Lz^0 = \min Lz$ 是唯一的。（参见引理 15 ~ 引理 17。）　　　　（证毕）

需要注意的是，z^0 并不依赖于 x^a。

2. 我们来看一下 LP.A 的对偶问题。规定 LP.B 为：

$$\mathrm{Max}\{\Lambda FLx^a \mid \Lambda B \leqslant \Lambda A + L, \Lambda \geqslant 0_m\} \tag{3}$$

由定义 Ⅲ - 3，可将关于 FLx^a 的最优价值定义为式（3）的最优解。

定义 3　（M_4 价值）关于 FLx^a 的最优价值称为 M_4 价值，或者简称为最优价值。[1]

最优价值是关于生产所需的最小劳动的影子价格。令：

$$\Lambda^0 \quad 1 \times m : M_4 \text{ 价值向量}$$

且根据命题Ⅲ－8，具有可生产性的冯·诺伊曼经济中存在非负的 M_4 价值。需要注意的是 Λ^0 并不依赖于 x^a。

根据线性规划的对偶定理，可知：

$$Lz^0 = \Lambda^0 FLx^a \tag{4}$$

式（3）的最大值 $\Lambda^0 FLx^a$ 表示按 M_4 价值计算的工资量，可视其为有酬劳动。因此，无酬劳动率可定义为：

$$\mu' = \frac{Lx^a - \Lambda^0 FLx^a}{\Lambda^0 FLx^a} \tag{5}$$

净产品可表示为：

$$y^a = (B - A)x^a$$

因此，M_4 价值下的剩余价值可由下式得出：

$$剩余价值 = \Lambda^0(B - A)x^a - \Lambda^0 FLx^a$$

故而，剩余价值率可定义为：

$$\mu = \frac{\Lambda^0(B - A)x^a - \Lambda^0 FLx^a}{\Lambda^0 FLx^a} = \mu(\Lambda^0) \tag{6}$$

这三个剩余率间的关系有如下命题。

命题 2 $\eta = \mu' \geqq \mu$。

证明：

由式（4），显然可得 $\eta = \mu'$；而由式（3），可知：

$$\Lambda^0(B - A)x^a \leqslant Lx^a$$

因此，由式（4）可有：

$$\Lambda^0(B - A)x^a - \Lambda^0 FLx^a \leqslant Lx^a - Lz^0$$

故，$\eta \geqslant \mu$。 （证毕）

由此易知，剩余价值率并非唯一决定的，并不能完全地衡量剥削程度。

第二节　广义马克思基本定理

1. 通过 Frobenius 定理，我们已经了解到里昂惕夫经济下均衡的数量和性质，但关于冯·诺伊曼均衡，我们尚未展开充分研究。冯·诺伊曼均衡理论主要涉及的是均衡的性质。

给定技术矩阵和工资品束，冯·诺伊曼均衡可用以下规划问题的解来定义：

$$\text{Min}\{\pi^{w} \mid p^{w}B \leqslant (1 + \pi^{w})p^{w}M, p^{w} \geqslant 0_{m}\} \qquad (7)$$

$$\text{Max}\{g^{c} \mid Bx^{c} \geqslant (1 + g^{c})Mx^{c}, x^{c} \geqslant 0^{n}\} \qquad (8)$$

如常，我们令：

$$\pi^{w}:\text{有保证的利润率}$$
$$p^{w} \quad 1 \times m:\text{冯·诺伊曼价格向量}$$
$$g^{c}:\text{冯·诺伊曼增长率}$$
$$x^{c} \quad n \times 1:\text{冯·诺伊曼比率}$$

则，冯·诺伊曼均衡可由 π^{w}、p^{w}、g^{c}、x^{c} 四个变量描述。

现在，我们做如下假设：

$$B1^{n} > 0^{m}, 1_{m}M > 0_{n} \qquad (\text{B.4})$$

第一个假设表示每种商品至少由一个生产过程生产。（关于第二个假设，参见第三章第三节第四小节）

以下命题是众所周知的。

命题 3 （i）存在冯·诺伊曼均衡，且 $\pi^w \leqslant g^c$。

（ii）若利润率 π 满足：

$$pB^a = (1 + \pi)pM^a, p \geq 0_m$$

则有 $\pi \geqslant \pi^w$。B^a 和 M^a 分别为该生产过程的产出矩阵和增广投入矩阵。

［证明可参见克莱恩（Klein，1973，pp. 358 – 367）。］

我们需要注意的是，冯·诺伊曼均衡理论主要考虑的是均衡的性质。也就是说，讨论的是均衡是否存在，以及建立关于冯·诺伊曼增长率和有保证的利润率的不等式。

然而，冯·诺伊曼均衡并没有排除经济收缩的情况。因为冯·诺伊曼均衡考虑的是增长的可能性和可获利润性，所以非正的冯·诺伊曼增长率是没有经济意义的。于是，我们应当了解冯·诺伊曼均衡在什么条件下才有意义，即 $g^c > 0$，且（或）$\pi^w > 0$。基于以上问题，森岛研究了冯·诺伊曼均衡和剩余劳动率的关系。他所提出的，是现代增长理论中最重要的问题。

将第三章的条件 P. Pf. C. ′扩展为：

$$\min\{\pi^M \mid p^M B \leqslant (1 + \pi^M)p^M A, p^M \geq 0_m\} > 0 \qquad (B.5)$$

这意味着若不付工资，则有保证的利润率可为正。

于是，森岛证明了以下命题。

命题 4 $\eta > 0 \Rightarrow \pi^w > 0$。

由式（1）、式（2）和式（7），即可知：

$$\eta p^w FLz^0 \leqslant \pi^w pMz^0$$

由此，可得到结论。

命题 5 $g^c > 0 \Rightarrow \mu' > 0$。

将 Λ^0 左乘式（8），将 x^c 右乘式（3），即可得出：

$$g^c \Lambda^0 M x^c \leqslant \mu' \Lambda^0 F L x^c$$

由此可得出结论。

定理 I （广义马克思基本定理）$\pi^w > 0$、$g^c > 0$、$\eta > 0$ 互为等价。

[这三个命题的详细证明参见森岛（Morishima，1974b，pp. 619 – 621）或森岛和卡特弗斯（Morishima and Catephores，1978，pp. 51 – 53）。]

2. 我们可对森岛 – 塞顿方程的扩展做一些补充。

用 M_4 价值，可将资本有机构成表示为：

$$\xi(\Lambda^0, x^a) = \frac{\Lambda^0 A x^a}{\Lambda^0 F L x^a} \tag{9}$$

虽然分母的大小由 LP. B 的最大值给定，进而是唯一的，但分子的大小不是唯一的。因此，需要注意到 $\xi(\Lambda^0, x^a)$ 本身亦不是唯一的。

我们可定义最大均衡增长率为：

$$g^M(x^a) = \max\{g \mid Bx^a \geqslant (1 + g)Mx^a\} \tag{10}$$

于是，可得以下定理。

定理 II （马克思基本不等式[2]）

(ⅰ) $g^M \leqslant \dfrac{\mu}{\xi(\Lambda^0, x^a) + 1}$；

(ⅱ) $\dfrac{\mu^*}{\xi^*(x^c) + 1} \leqslant \pi^w \leqslant g^c \leqslant \dfrac{\mu}{\xi[\Lambda^0(x^c), x^c] + 1}$，其中，

$\xi^{*}\ (x^{c})\ =\xi\ (p^{w},\ x^{c}),\ \mu^{*}=\mu\ (p^{w})$。

证明：

（i）将 $\Lambda^{0}\ (x^{a})$ 左乘式（10），根据式（6）和式（9），即可知不等式成立。

（ii）可将（i）的方法用于 $x^{a}=x^{c}$ 来证明第三个不等式。

同样应用（i）的方法，可得出第一个不等式：将 x^{c} 右乘式（7），重新整理后即可得出结果。

而第二个不等式显然可由命题 3 得出。　　　　　　　　（证毕）

上述定理的（ii）是对森岛－塞顿方程的扩展。在里昂惕夫经济下，此处的不等式均以等式形式成立。

3. 我们再来看一下剩余价值率的变动将如何影响冯·诺伊曼均衡。

将工资品束 F 重写为：

$$F = cf \qquad\qquad (11)$$

其中，有：

$f\quad m \times 1$：标准工资品向量
c：标准工资品束单位的数量

剩余劳动率可表示为：

$$\eta = \frac{Lx^{a}}{\Lambda^{0}cfLx^{a}} - 1 \qquad\qquad (2')$$

显然，M_{4} 价值 Λ^{0} 并不依赖于 c。而且，如果 c 不影响 x^{a}，则 $c\Lambda^{0}fLx^{a}$ 为 c 的递增函数。因此，η 为 c 的连续函数，且有：

$$\frac{\mathrm{d}\eta}{\mathrm{d}c} > 0 \qquad\qquad (12)$$

现在，设有两个不同值的 η_1 和 η_2，对应于不同的 c_1 和 c_2，并记对应的 $M_i = A + c_i fL$、g_i^c、x_i^c、π_i^w，其中 $i = 1，2$。于是有以下命题。

命题6 $\eta_1 > \eta_2 \Rightarrow g_1^c \geqslant g_2^c$ 和 $\pi_1^w \geqslant \pi_2^w$。

证明：

由式（12）得知，$\eta_1 > \eta_2$ 蕴含着 $M_1 \leqslant M_2$。可得：

$$Bx_2^c \geqslant (1 + g_2^c)M_2 x_2^c \geqslant (1 + g_2^c)M_1 x_2^c$$

根据 g_1^c 的定义，可知 $g_1^c \geqslant g_2^c$。同样可得：

$$\pi_1^w \geqslant \pi_2^w \qquad\qquad （证毕）$$

此命题表示，如果 η 增加，则区间（π^w，g^c）有向上平移的趋势。马克思对此的解释是，因为资本主义经济的剥削程度加深了，导致实际工资降低。

第三节　结语

1. 至此我们已论证，马克思基本定理可扩展到冯·诺伊曼经济下，且最优价值的概念对于马克思的基本不等式来说非常重要。

然而，森岛做出的最重要推进不是上述的最优价值，而是"真实"价值（Morishima and Catephores，1978，p. 37）。

定义4 （真实价值）生产合成商品 Y 所需的最小必要劳动称为真实价值：

$$\lambda_Y^0 = \min\{Lz \mid Bz \geqq Az + Y, z \geqq 0^n\} \tag{13}$$

显然，商品 i 的真实价值由 λ_e^0 得出。

因此，不难看出商品 i 的真实价值即其 M_2 价值。

真实价值的显著性质为它不是加性（additive）的，即以下不等式成立：

$$\lambda_Y^0 \leqq (\lambda_{e1}^0, \lambda_{e2}^0, \cdots, \lambda_{em}^0)Y$$

关于最优价值和真实价值的非线性存在着各种批判性的评论。然而要注意到，马克思基本定理完全不依赖线性化的商品价值。[3]

此外，须注意的是，真实价值与马克思－冯·诺伊曼价值理论并无关系：第一和第二节中的命题并不依赖真实价值的概念。真实价值能够满足森岛规定的价值三条件，而是否能作为有效的加总权数却是无法确定的。

最小必要劳动和最优价值的概念起到了重要作用。利用最小必要劳动的概念可单独证明马克思基本定理，而在建立增长约束和基本不等式时，M_4 价值的概念是不可或缺的。

因此，森岛提出的真实价值可能不是 M_2 价值的"真正"扩展。在对 M_2 价值进行一般化时，应该把价值看作代表工资品的合成商品的影子价格。[4]

2. 最优价值理论包含里昂惕夫或狭义简单经济下的价值理论。

按照"M_2 价值→剩余劳动率→马克思基本定理和基本不等式"的顺序，我们对马克思－冯·诺伊曼的价值理论进行了深入的探讨。此外，曾被第三章放弃的基本对偶关系在广义马克思基本定理中得到了重现：正的剩余劳动率是基本对偶关系成立的充要条件。

同样可以看出，若 $\pi^w > 0$ 和 $p^w \geqslant 0_m$，则有 $\Lambda^0 \geqslant 0_m$。它可以从较弱的意义上解释价格的价值基础。

3. 有必要提到的是，剩余劳动率是通过劳动耗费最小的一组技术得出的，而且通常该技术不同于决定当前利润率的技术（如图 4 − 1 所示）。

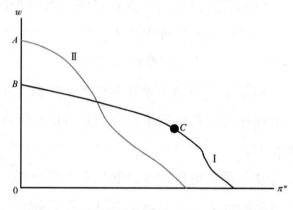

图 4 − 1　不同技术下的工资 − 利润曲线

令 $I \subset \{1, 2, \cdots, n\}$，$I(x) = \{i \in \{1, 2, \cdots, n\} \mid x_i > 0\}$。给定活动水平 x，$I(x)$ 是生产过程的指标集（index set）。

假设给定一个特殊的 x^a，它决定了生产过程集 $I(x^a)$，称为技术 I，并假设对应于给定 $F(= cf)$ 的冯·诺伊曼均衡处于 C 点。

LP. A 的最小劳动决定了生产过程集 $I(z^0)$，称为技术 II。因此，不是在对应于技术 I 的 B 点，而是在基于技术 II 的 A 点可求得剩余劳动率。

然而，在 B 点求剩余劳动率是不必要的。因为马克思基本定理规定，当且仅当 A 点的剩余劳动率为正时，C 点的有保证的利润率为正。此外，因为 $I(z^0)$ 不取决于 x^a，所以给定技术可行的生产过程，所需的最小劳动可在 A 点取得。这是此处建立的马克思基本定理的一个显著特征，因为技术可行的生产过程并不依赖于市场。

　　该事实在考虑效率可变的固定资本的折旧年限时非常重要。若固定资本的效率可变，则其经济折旧年限取决于利润率，且可断定经济折旧年限小于物理折旧年限。所以，在建立马克思基本定理时，不需要考虑固定资本的经济折旧年限与利润率的依存关系。

　　4. 因此我们可以说，马克思－冯·诺伊曼价值理论继承了传统价值理论的定性方面，是对价值理论的扩展。

　　5. 我们再来回顾一下，冯·诺伊曼均衡并不是现实经济的均衡，正的冯·诺伊曼增长率和正的有保证的利润率的含义是经济增长的可能性和可获利润性。因为冯·诺伊曼均衡本身就等价于经济增长的可能性（无论这种增长是不是平衡的）和经济的可获利润性，所以冯·诺伊曼均衡在经济上的意义是描述了一个有正利润的增长经济。

　　值得注意的是，只有在马克思基本定理的基础上使用冯·诺伊曼均衡理论，该理论才会真正具有经济意义。

第五章　异质劳动的还原

引言——问题的提起

1. 经济学文献曾经广泛讨论过异质资本品问题，但很少讨论经济中就能观察到的、具有不同工资率的异质劳动问题。或许因为从一开始，经济学分析的目的之一就是弄清资本和劳动之间的分配关系。对于资本品，即使它们是异质的，但因为有着相同的利润率，所以也不会遇到分配的困难。

然而，在马克思经济学中，劳动的耗费形成价值，且可将其划分为必要劳动和剩余劳动，此时异质劳动的问题就变得重要起来。不同种类的劳动，哪怕时间上的直接耗费相同，也会体现为大小不等的抽象人类劳动量，形成大小不等的价值，进而以大小不等的权重算入劳动总量。因此，在马克思经济学中，异质劳动属于生产理论中的问题。

马克思当然注意到了异质劳动问题。他通过区分复杂劳动和简单劳动来把握劳动的异质性，还简单分析了复杂劳动是如何还原为简单劳动的。这在马克思经济学中被称为还原问题（Reduction

Problem）。然而，《资本论》对此问题并没有展开，不久之后，庞巴维克挑战了马克思的这种不完整的分析。希法亭为马克思进行了辩护，并指明了解释还原问题的正确方向（Sweezy，1949）。

2. 这里，我们依照马克思和希法亭的分析来概括一下复杂劳动还原为简单劳动的问题。马克思在提到商品价值的概念时，不得不提及复杂劳动与简单劳动的差异。他写道（《资本论》第一卷，第58页）：

> 它是每个没有任何专长的普通人的有机体平均具有的简单劳动力的耗费。**简单平均劳动**本身虽然在不同的国家和不同的文化时代具有不同的性质，但在一定的社会里是一定的。比较复杂的劳动只是**自乘的**或不如说**多倍的**简单劳动，因此，少量的复杂劳动等于多量的简单劳动。经验证明，这种简化是经常进行的。一个商品可能是最复杂的劳动的产品，但是它的**价值**使它与简单劳动的产品相等，因而本身只表示一定量的简单劳动。各种劳动化为当作它们的计量单位的简单劳动的不同比例，是在生产者背后由社会过程决定的，因而在他们看来，似乎是由习惯确定的。

然而，马克思却假设（《资本论》第一卷，第58页）：

> 为了简便起见，我们以后把各种劳动力直接当作简单劳动力，这样就省去了简化的麻烦。

如上所引，马克思指出，复杂劳动与简单劳动在性质上相同但数量不同，还指出了还原过程的社会特征，但并没有进行详细的阐述。于是，庞巴维克对马克思进行了评判，并提出了质疑。他声称，若想确定复杂劳动还原为简单劳动的比率，就需要确定二者能形成的价值数量，而商品的价值又依靠复杂劳动的还原比率来确定：因此马克思对还原的解释是循环论证。

在为马克思辩护时，希法亭讨论到还原过程的社会特征，他虽然没有建立一个分析性的框架，却暗示了以马克思的方法进行还原的可能性（Sweezy，1949，pp. 140 – 141）：

> 创造价值并不是劳动本身所固有的属性。只有在一定的社会组织生产的方式下，劳动才能形成价值。我们仅从个别劳动的具体性来考虑的话，大概不能达到创造价值的劳动这个概念。故而，我们不应该把创造价值的复杂劳动视为个别劳动，而应该作为社会劳动的一部分来考虑。

于是，希法亭继续写道（Sweezy，1949，p. 141）：

> 从社会的角度来看，何为复杂劳动呢？不回答这个问题，我们就无法找到一个方法，去认识社会还原起作用的原理。显然，此原理不可能是价值法则以外的东西。

但困难是，劳动本身不能直接应用价值法则（Sweezy，1949，p. 14；pp. 142 – 143）：

我们无法从复杂劳动力的工资更高推断出复杂劳动所创造的价值更高，因为这等于是从"劳动的价值"推断产品的价值。

由劳动力的工资推断劳动产品的价值，与马克思的理论是大相矛盾的……复杂劳动力的工资根本没有直接或间接地告诉我们此劳动力新创造的价值的任何信息。

那么，我们现在该如何理解复杂劳动还原为简单劳动与价值法则是一致的呢（Sweezy，1949，pp. 144 - 145；pp. 145 - 146；p. 146）？

使用简单劳动力执行的是平均的简单劳动，使用复杂劳动力执行的是复杂劳动。为生产这些复杂劳动力，一系列的简单劳动是必不可少的。复杂劳动者身上积存了这些简单劳动。直至他开始工作，这些培训劳动才开始在社会中流动。故而，技术教育者的劳动移转的不仅是（由高工资表现的）价值，还有其价值创造力。因此，培训劳动对于社会来讲是潜在的东西，只有在复杂劳动力开始工作时才会体现出来。故复杂劳动的耗费意味着各种简单劳动的耗费同时在起作用……因此，耗费一种复杂劳动就是耗费各种简单劳动的总和。复杂劳动创造的价值和剩余价值，相当于全部简单劳动耗费创造的总价值，这些简单劳动正是用于生产复杂劳动力及其产生的复杂劳动的。故从社会的角度看，无论复杂劳动在生理上、技术上或审美上与简单劳动有多少差别，我们都可以从经济学上认为，复杂劳动是倍加的简单劳动。

复杂劳动包含的简单劳动越多，就越能创造更高的价值。

如此，马克思的价值理论使我们认清了这个原理，即什么样的社会过程可以将复杂劳动还原为简单劳动。因此，价值量的大小在理论上是有可能测定的。

简而言之，应该从社会的角度来看待某种劳动变成复杂劳动，并用价值法则来解释复杂劳动能创造更多的价值：这并不是因为复杂劳动力获得了更高的工资，而是因为在复杂劳动者的培训过程中，训练者的价值创造力移转到被训练者身上。这就是马克思－希法亭还原问题的概要。

3. 为了提供一个框架来分析复杂劳动向简单劳动的还原，我们先来导入一个理论上的概念："技能"。

一般来讲，人都拥有从事简单劳动的能力。而通过教育，他能够获得从事复杂工作的特殊能力：这种特殊能力就被称为技能。技能是一种特殊的商品。

通过引入技能的概念，我们可从概念上将劳动力的再生产过程分为两个部分：技能的生产和技能的消费。准确地来说，后者才是生产复杂劳动力的实际过程。

技能具有价值和使用价值：其价值是复杂劳动力的价值，而其使用价值是让工人从事复杂劳动。因为技能是由劳动者获得的，只有通过凝结在劳动者身上才能存在，这构成了复杂劳动力的核心；

技能可被等同为复杂劳动力，而技能的使用价值可等同为复杂劳动。

生产技能的产业称为教育部门。我们先来看一下教育部门的特征。

每个生产过程都是劳动过程和价值创造或价值增殖过程的综合，教育部门也是如此。作为价值创造过程，可产生技能的价值，而作为劳动过程，技能的使用价值，即复杂劳动被"创造出来"。然而，这却不是一个精确的表达。实际发生的是，教育者向受教育者移转了价值创造力。教育部门的活劳动不是凝结为死劳动，而是和一般部门一样，凝结成为价值。

若能弄清劳动的以下三种转变，则可明确教育部门的特征：（1）凝结，由活劳动到死劳动；（2）转移，由死劳动到死劳动；（3）生成，由活劳动到活劳动。这些转变构成了劳动的循环。在这一劳动循环中，劳动的凝结是核心。而为了使劳动的循环闭合，凝结的逆，即由死劳动到活劳动是必需的，但凝结的逆不能与凝结在同一层面发生：当死劳动构成劳动力价值时，劳动力的使用价值便成为活劳动，且拥有创造更多价值的潜力。因此，劳动的循环可闭合也能自动拓展。一般产业是（1）和（2）的合成，而教育部门是（2）和（3）的合成。这一点是解决还原问题的基础。

另外值得注意的一点是，受教育的工人若想获得合格的能力就必须投入"自我努力"（self-efforts）。

教育部门利用给定的资本品和各种培训劳动的组合。教育部门生产1单位技能所需的资本品和培训劳动的数量定义为教育系数。教育系数和一般生产系数的定义方法是相同的。

需要指出的是，我们现在讨论的工人并不占有任何用来生产技能或复杂劳动力的生产资料。因为依据马克思的观点，虽然工人并不占有任何生产资料，但他们还是可以利用那些已投入教育部门的使用价值——例如他们可以租用房子和其他的耐用消费品。

因此，我们可以进一步看到，技能可被视为教育部门的物质和非物质资料投入所合成的商品。技能可以说代表了这些投入的综合功能。一个工人消费了 1 单位的技能即意味着他利用了这个综合功能并且再生产了他的劳动力。

为简便起见，我们也会考虑生产简单劳动的教育部门。这样一来，我们就可以用一个分析框架来表达包含劳动力再生产的完全封闭经济。

4. 根据劳动力的培训过程将复杂劳动与简单劳动区分开来，是从社会角度区分各种类别劳动最为重要的方式。

但除此之外，区分各种类型的劳动还有其他方法。广义异质劳动包含那些基于个人天赋，或者与培训过程无关的特殊类型劳动。这些劳动的唯一特点是工资率不同。

然而，对应不同工资率的工资品向量代表了复杂劳动力的再生产要求，从这一角度看，广义异质劳动的还原，需要用相同的复杂劳动还原为简单劳动的框架来解释。

本章的目的就是讨论以复杂劳动为中心的异质劳动还原问题。

第一节是在里昂惕夫经济体系下剖析马克思－希法亭对还原过程的解释。置盐（Okishio，1963，1965）以及之后的罗松（Rowthorn，1974，1980）曾经对此问题进行过探讨，但在以下的讨论中，我们会对他们用来决定价值和还原比率的方程体系进行重要修正。第一节将探讨价值和剩余价值理论，第二节将讨论马克思基本定理和相关论题。之后，第三节将把分析框架从里昂惕夫经济扩展到冯·诺伊曼经济，并将复杂劳动还原（为简单劳动）的问题扩展到广义异质劳动的还原问题。最后一节，即第四节，介绍其他经济学家从不同角度对此问题进行的一些讨论，同时给予一些总结。

第一节　里昂惕夫经济下复杂劳动的还原
——价值与剩余价值理论

1. 若满足条件（F.1）至条件（F.3），以及存在生产技能的教育部门，则将这种经济称为封闭型里昂惕夫经济。也就是说，教育部门中，每个部门仅生产一种技能，且这些教育过程彼此无法替代。

假设经济生产 n 种一般商品，并雇用了 s 种劳动。将每种劳动称为劳动 j（$j = 1, 2, \cdots, s$），且将简单劳动表示为劳动 1。[1]

生产技能 j 的产业称为教育部门 j，1 单位复杂劳动力 j 的功能是 1 单位的复杂劳动 j。从事复杂劳动 j 的工人称为工人 j。因此，雇佣量直接反映了劳动耗费量。

生产过程可分为两个部门：一般商品部门，简写为部门 Ⅰ；教育部门，简写为部门 Ⅱ。对于部门 Ⅰ，我们令：

$$A_{\mathrm{I}} \quad n \times n\text{:投入矩阵}$$
$$L_{\mathrm{I}} \quad s \times n\text{:劳动矩阵}$$

对于部门 Ⅱ，令：

$$E^s \quad n \times (s-1)\text{:生产技能的投入矩阵}$$
$$T^{*s} \quad (s-1) \times (s-1)\text{:生产技能的复杂劳动矩阵}$$
$$t^* \quad 1 \times (s-1)\text{:生产技能的简单劳动向量}$$

$$E = (0, E^s) : 投入矩阵$$

$$T^* = \begin{pmatrix} 0 & t^* \\ 0 & T^{*s} \end{pmatrix} : 培训劳动矩阵$$

$$n_{1j} : 工人\ j\ 的受教育时间的长度$$

$$n_{2j} : 工人\ j\ 的工作时间的长度$$

$$n_j = n_{1j} + n_{2j} : 工人\ j\ 的平均寿命的长度$$

假设以上均为给定。

现在，我们可做以下定义。

定义 1 （还原比率）复杂劳动创造的价值与简单劳动创造的价值之比称为复杂劳动对简单劳动的还原比率。

无损一般性的，简单劳动于单位时间内形成的价值的大小可规定为 1 单位。

定义以下变量：

$$w \quad 1 \times n : 一般商品的价值向量$$

$$v^s \quad 1 \times (s-1) : 复杂劳动力的价值向量$$

$$v_1 : 简单劳动力的价值$$

$$v = (v_1, v^s) : 劳动力的价值向量$$

$$y^s \quad 1 \times (s-1) : 复杂劳动的还原比率$$

$$\gamma \quad 1 \times s : 还原比率向量$$

2. 我们可以建立一个方程体系，该体系决定商品价值和劳动力价值，以及各种劳动的还原比率。

商品的价值由生产资料的价值和生产中耗费的各种劳动所新增加的价值之和决定：

$$w = wA_{\mathrm{I}} + L_{\mathrm{I}} \tag{1}$$

如定义 1 所述，复杂劳动的还原比率可由复杂劳动创造的价值量即价值创造力来确定。因价值创造力属于活劳动本身，故必须与价值（死劳动）区别开来。

首先我们要考虑一下复杂劳动力的形成过程。在培训过程中，教育者所传授的劳动价值创造力全部传递给受教育者，即价值创造力保存在受教育者的活劳动中。另外，因为在培训过程中，还会损耗投入的一般商品，所以这些一般商品也将其价值转移到生产过程的产出中。然而，这些一般商品的价值已经作为死劳动凝结了。死劳动的量纲应同具有价值创造力的活劳动的量纲区分开来。此外，根据价值法则，商品价值或者死劳动，不能直接转移进入价值创造力或者活劳动。因此，教育部门中的资本品价值不能与教育者的培训劳动进行加总计算，故资本品的价值不能影响复杂劳动的还原比率。结果就是，还原比率由教育者的培训劳动和被教育者的自我努力决定。

现在，既然工人 j 在其工作时间内所从事的复杂劳动总量 n_{2j}，等于他一生中自我努力加上他在受教育期间所吸收的受训劳动的总量，故可表示为：

$$\gamma_j n_{2j} = \gamma(T^*)^j n_{1j} + n_j$$

亦即：

$$\gamma_j = \gamma(T^*)^j \left(\frac{n_{1j}}{n_{2j}}\right) + \left(\frac{n_j}{n_{2j}}\right)$$

我们令：

$$n = \left(\frac{n_{11}}{n_{21}}, \frac{n_{12}}{n_{22}}, \cdots, \frac{n_{1s}}{n_{2s}}\right) : \text{受教育与工作的时长比率}$$

$$T = T^*\hat{n} = \begin{pmatrix} 0 & t \\ 0 & T^s \end{pmatrix} : \text{增广培训劳动矩阵}$$

$$\tau = 1_s + n \quad 1 \times s : \text{自我努力向量}$$

其中，t 和 T^s 分别对应于 t^* 和 T^{*s}。

T 和 τ 在此为已知，还原比率可定义为：[2]

$$\gamma = \gamma T + \tau \tag{2}$$

我们可观察到，式（1）中的 L_I 不同于式（2）中的 γT。前者表示价值的大小，因为 L_I 是生产单位商品所需的劳动量；后者表示的是价值创造力，因为 T 是生产单位价值创造力所需的劳动量。故而 γ 作为算子，计算部门 I 凝结的价值量以及移转到部门 II 中的价值创造力的水平。

尚存在这样一个问题：部门 II 的资本品的价值去哪里了？我们若能想起在第一章提到的劳动力价值的定义，就能很快理解，它会成为技能价值的一部分。换句话说，复杂劳动力的价值由教育成本以及消费品的价值构成，而教育成本又包括资本品成本、劳动力价值形成过程中的复杂劳动力和简单劳动力成本。价值创造力从教育者转移到受教育者那里，复杂劳动力的价值也在同一过程中形成。

我们令：

$$F^j \quad n \times 1 : \text{单位（熟练）劳动} j \text{所需的工资品束}$$
$$F_I = (F^1, F^2, \cdots, F^s) : \text{工资品矩阵}$$
$$J = E + F_I : \text{部门 II 的增广投入矩阵}$$

劳动力的价值则取决于：

$$\nu = wJ + \nu T \tag{3}$$

由此，我们建立了决定商品价值、劳动力价值、复杂劳动还原比率的方程体系即式（1）、式（2）、式（3）。

3. 下面的问题就是，通过对第一章的结论进行一般化，来弄清楚由式（1）、式（2）、式（3）决定的商品价值和劳动力价值，以及还原比率为非负的条件。

无论是有形的还是无形的，部门 I 和部门 II 都在生产价值，所以式（1）和式（3）可合并为：

$$(w,v) = (w,v)\begin{pmatrix} A_{\mathrm{I}} & J \\ 0 & T \end{pmatrix} + (L_{\mathrm{I}},0) \tag{4}$$

如下，我们把部门 I 和部门 II 的集合，即生产价值的领域，称为封闭型（里昂惕夫经济）体系。令：

$$A = \begin{pmatrix} A_{\mathrm{I}} & J \\ 0 & T \end{pmatrix} ：封闭投入矩阵$$

$$L = (L_{\mathrm{I}},0)：封闭劳动矩阵$$

上述矩阵 A 和 L 是简单里昂惕夫经济的投入矩阵和劳动向量的直接扩展：二者的各列表示部门 I 或部门 II 中各生产过程的投入结构。

我们须再次确认的是，从形式上，部门 II 中并没有耗费劳动。也就是说，虽然教育者移转了价值创造力，但是他的劳动本身并不创造价值，也并没有直接凝结成价值。既然教育者仅仅是将其劳动力价值移转到他的生产物即技能中，那么它就应该被当作不变资本的一部分。

另外，式（2）是独立的。这表示该过程不与价值生产直接相关，而是隐藏在生产者背后。

因为价值生产的投入构造是确定的，所以现在能把可生产性条件应用于其中。令：

$$x_{\mathrm{I}} \quad n \times 1 : \text{部门 I 的产出向量}$$

$$x_{\mathrm{II}} \quad s \times 1 : \text{部门 II 的产出向量}$$

$$x = \begin{pmatrix} x_{\mathrm{I}} \\ x_{\mathrm{II}} \end{pmatrix} : \text{产出向量}$$

$$y_{\mathrm{I}} \quad n \times 1 : \text{部门 I 的净产品向量}$$

$$y_{\mathrm{II}} \quad s \times 1 : \text{部门 II 的净产品向量}$$

$$y = \begin{pmatrix} y_{\mathrm{I}} \\ y_{\mathrm{II}} \end{pmatrix} : \text{净产品向量}$$

且有：

$$y = x = Ax \qquad\qquad (5)$$

为了明确 A 的可生产性条件与还原比率及价值的非负性之间的关系，我们如常做以下假设：

$$A_{\mathrm{I}} \geqq 0, E^s \geqq 0, T^s \geqq 0, L_{\mathrm{I}} \geqq 0, F^j \geqq 0^n (\text{对于所有 } j) \qquad (\mathrm{A}.1^1)$$

$$\tau^s > 1_{s-1} \qquad\qquad (\mathrm{A}.1^2)$$

$$1_s L > 0_n \qquad\qquad (\mathrm{A}.2)$$

$$A_{\mathrm{I}}, T^s \text{ 为不可约} \qquad\qquad (\mathrm{A}.3)$$

假设（A.2）的含义是，部门 I 的任何生产过程都需要有劳动投入。这是简单里昂惕夫经济中对应条件的直接扩展。

现在，我们可验证以下一系列的命题。

命题 1 A 是可生产性的，当且仅当 A_i 和 T^s 均具有可生产性：$\rho(A) < 1 \Leftrightarrow \rho(A_{\mathrm{I}}) < 1, \rho(T^s) < 1$。

证明：

封闭型体系的可生产性可表示为：

$$(I - A)^{-1} \geqq 0 \qquad\qquad (6)$$

亦即：

$$\begin{pmatrix} I - A_{\mathrm{I}} & -J \\ 0 & I - T \end{pmatrix}^{-1} = \begin{pmatrix} (I - A_{\mathrm{I}})^{-1} & (I - A_{\mathrm{I}})^{-1}J(I - T)^{-1} \\ 0 & (I - T)^{-1} \end{pmatrix} \geqq 0$$

因此，式（6）等价于 $(I - A)^{-1} \geqq 0$ 及 $(I - T)^{-1} \geqq 0$。

进而，后者等价于 $(I - T^s)^{-1} \geqq 0$，由假设（A.3）可知 $\rho(T^s) < 1$。即可得证。　　　　　　　　　　　　　（证毕）

换言之，封闭型体系的可生产性可归结于它的两个子体系的可生产性。

命题 2　封闭型体系的可生产性等价于存在正的价值和还原比率。式（6）$\Leftrightarrow \exists w > 0_n$，$\gamma > 0_s$。

证明：

根据命题 1，并由式（2），可有：

$$\gamma = \tau(I - T)^{-1}$$

再由式（1），可得：

$$w = \gamma L_{\mathrm{I}}(I - A_{\mathrm{I}})^{-1} > 0_n$$

反之，若式（2）中 $\gamma > 0_s$，由于 $\tau > 0_s$，则有：

$$(I - T)^{-1} \geqq 0$$

且，若 $w > 0_n$，$w > wA_{\mathrm{I}}$，则有：

$$(I - A_{\mathrm{I}})^{-1} \geqq 0 \qquad\qquad （证毕）$$

同样，我们可证以下命题。

命题 3　封闭型体系的可生产性等价于存在正的商品价值和劳动力价值：式（6）$\Leftrightarrow \exists w > 0_n$，$\nu > 0_s$。

由此，若封闭型体系具有可生产性，则式（1）、式（2）和式（3），或者式（2）和式（4）构成的方程体系均有唯一解，并由下式决定：

$$\gamma = \tau(I - T)^{-1} \tag{7}$$

$$w = \tau(I - T)^{-1}L_{\mathrm{I}}(I - A)^{-1} \tag{8}$$

$$\nu = \tau(I - T)^{-1}L_{\mathrm{I}}(I - A_{\mathrm{I}})^{-1}J(I - T)^{-1} \tag{9}$$

式（7）的含义是，通过教育及训练，可在生产中形成更高的价值创造力。式（9）表示劳动力价值可归结为劳动力再生产过程中直接或间接需要的一般商品的价值。即，式（9）可再表示为：

$$wJ(I - T)^{-1} = w(J + JT + JT^2 + \cdots)$$

此等式右边括号中的第一项表示直接需要的商品量，而余下的各项表示间接需要的商品量。

根据式（4）和式（5），我们可简单证明以下命题。

命题 4

$$wy_{\mathrm{I}} + \nu y_{\mathrm{II}} = \gamma L_{\mathrm{I}}x_{\mathrm{I}} \tag{10}$$

此命题的含义是，净产品的价值量等于部门 I 中由劳动耗费所形成的价值量。

命题 5　若封闭型体系具有可生产性，则有：

（i）$\gamma^s > 1_{s-1}$；

（ii）$F^j \geqslant F^1 \Rightarrow \nu^s \geqslant \nu_1 1_{s-1}$（$j \neq 1$）。

证明：

（i）由假设（A.2）可得：

$$\gamma = \tau(I - T)^{-1} > \tau$$

此式蕴含着 $\gamma^s > 1_{s-1}$。

（ii）显然，若 $F^j \geqslant F^1$，则可知：

$$\nu = wJ(I - T)^{-1} \geqslant \nu_1 1_s \qquad （证毕）$$

也就是说，复杂劳动的还原比率大于简单劳动的价值创造力水平，故一般情况下复杂劳动力的价值大于简单劳动力的价值。但，我们不能断定，具有更大还原比率的复杂劳动一定具有更高的复杂劳动力价值，即 $\gamma_j > \gamma_i$ 并不一定意味着 $\nu_j > \nu_i$。

4. 下面我们就在价值生产的领域中，附加一个被称为经济的第三领域的，教育部门劳动的价值创造力的移转过程。于是，式（1）、式（2）和式（3）可整合为一个体系。

具有第三领域的封闭型体系称为超封闭型体系。超封闭型体系包括所有三种劳动的转变。令：

$$\tilde{A} = \begin{pmatrix} A & 0 \\ L & T \end{pmatrix} : 超封闭投入矩阵$$

$$\tilde{\tau} = (0, 0, \tau) : 超封闭劳动向量$$

超封闭型（里昂惕夫经济）体系可由 $\tilde{A}$ 和 $\tilde{\tau}$ 进行描述。由此可表示为：

$$(w, \nu, \gamma) = (w, \nu, \gamma)\tilde{A} + \tilde{\tau} \qquad (11)$$

如前所述，可生产性条件同样适用于 $\tilde{A}$，故我们有以下命题。

命题 6 封闭型体系的可生产性等价于超封闭型体系的可生产性。

证明：

因为：

$$(I - \tilde{A})^{-1} = \begin{pmatrix} (I-A)^{-1} & 0 \\ (I-T)^{-1}L(I-A)^{-1} & (I-T)^{-1} \end{pmatrix}$$

根据命题 1 可知，$(I-\tilde{A})^{-1} \geq 0$ 等价于 $(I-A)^{-1} \geq 0$。 （证毕）

通过命题 6，我们可将命题 2 和命题 3 并为一个。

推论 超封闭型体系的可生产性等价于存在正值的商品价值、劳动力价值和还原比率。

于此，我们可做以下假设：

$$\text{封闭型体系是可生产性的} \qquad (A.4)$$

下面，我们再来看一下数量体系，令：

$$x_{\text{III}} \quad s \times 1 : \text{第三领域的产出向量}$$

$$\tilde{x} = \begin{pmatrix} x \\ x_{\text{III}} \end{pmatrix} : \text{超产出向量}$$

$$y_{\text{III}} \quad s \times 1 : \text{第三领域的净产品向量}$$

$$\tilde{y} = \begin{pmatrix} y \\ y_{\text{III}} \end{pmatrix} : \text{超净产品向量}$$

在第三领域发生了价值创造力的移转，该移转过程是与技能的生产同时进行的。第三领域的产出向量表示移转的价值创造力水平。若工资为预付，则本期要生产下一期追加雇用的工人的技能。

我们来考虑一下在封闭型体系中受雇的工人数量，我们将其称为总人口。此外，部门 I 中雇用的工人数量简单称为雇佣量，令：

$$N^* \quad s \times 1 : \text{人口向量}$$

由于 x_{III} 包含下一期追加的雇用工人的价值创造力水平，所以并不能反映本期的人口情况。来考虑一个简单再生产的例子，即可得知本期的人口数。即，由：

$$N^* = L_{\mathrm{I}} x_{\mathrm{I}} + T x_{\mathrm{III}} , x_{\mathrm{III}} = N^*$$

可得：

$$N^* = (I - T)^{-1} L_{\mathrm{I}} x_{\mathrm{I}} \tag{12}$$

它表示总人口数等于部门 I 中直接或间接需要的雇佣量。

此时，我们可建立以下定理。

定理 I $\gamma L_{\mathrm{I}} x_{\mathrm{I}} = \tau N^*$。

证明：

$$N^* = \tau (I - T)^{-1} L_{\mathrm{I}} x_{\mathrm{I}} = \gamma L_{\mathrm{I}} x_{\mathrm{I}} \qquad （证毕）$$

此定理的含义是，部门 I 中各种劳动的耗费是总人口中自我努力的累积。[3] 在马克思经济学中，不必过于夸大此定理的重要性。

下面我们再来看看在封闭型和超封闭型体系中该如何表达劳动矩阵和工资品矩阵。

正如之前所假设的，单位复杂劳动力 j 的再生产需要有单位技能 j，因此合理工资品束（formal wage goods bundle）[①] 可有一个特殊的形式：

$$F = \begin{pmatrix} 0 \\ I \end{pmatrix} \quad (n + s) \times s : 合理工资品矩阵$$

$$\tilde{F} = \begin{pmatrix} F \\ 0 \end{pmatrix} \quad (n + 2s) \times s : 合理超工资品矩阵$$

$$\tilde{L} = (L, 0) : 超劳动矩阵 [4]$$

---

① 作者在这里用它表示满足工人的劳动力再生产的最低工资品的集合。——译者注

5. 我们再来讨论一下剩余价值理论。在此将涉及三种剩余率。对于劳动 j，令：

μ_j：剩余价值率
μ'_j：无酬劳动率
η_j：剩余劳动率

由于复杂劳动所创造的价值取决于它的还原比率，同时复杂劳动力的价值是已知的，故有：

$$\mu_j = \frac{\gamma_j}{\nu_j} - 1 \tag{13}$$

无酬劳动率可做如下定义。由于复杂劳动的价值创造力的一部分是来自教育者的，故而被教育者的自我努力就只表示为净贡献；因此，有：

$$无酬劳动 = \tau_j - wJ^j \tag{14}$$

由此可知：

$$\mu'_j = \frac{\tau_j}{wJ^j} - 1 \tag{15}$$

剩余劳动量按以下方式确定。令：

$N = L_I x_I$：雇佣向量
$\bar{x}$　$n \times 1$：必要产出
$\bar{N}$　$s \times 1$：必要雇佣向量

如第一章所讨论的，必要产出可由下式求得：

$$\bar{x} = A\bar{x} + FLx \tag{16}$$

由此可知：

106

$$\overline{N} = L\overline{x} = L(I - A_{\mathrm{I}})^{-1}FLx \qquad (17)$$

如此可得到：

$$剩余劳动 = N - \overline{N} \qquad (18)$$

故而，可定义：

$$\eta_j = \frac{N_j}{\overline{N}_j} - 1 \qquad (19)$$

由上述内容可知，不同类型劳动的剩余率的大小是不同的。而且，对于任意一种劳动来说，不同定义的剩余率大小也不同。

下面我们就来看一下不同剩余率之间的关系。

各种劳动所创造的剩余价值可表示为：

$$\gamma - \nu = (\tau - wJ)(I - T)^{-1} = (\tau - wJ) + (\tau - wJ)T + (\tau - wJ)T^2 + \cdots \qquad (20)$$

此式的含义是，剩余价值是在形成过程中所积累的无酬劳动。根据这一结果，可得以下命题。

命题 7 若对于所有 j，有 $\mu_j > 0$，则对于所有 j，有 $\mu'_j > 0$。

证明：

由 μ_j 和 μ'_j 的定义易知，对于所有 j，有 $\mu_j > 0$ 等价于 $\gamma - \nu > 0_s$；以及对于所有 j，有 $\mu'_j > 0$ 等价于 $\tau - wJ > 0_s$。根据假设（A.4），可知 $(I - T)^{-1} \geqq 0$，因此由式（18）可知 $\tau - wJ > 0_s$ 蕴含着 $\gamma - \nu > 0_s$。即可得证。 （证毕）

在此须注意的是，无酬劳动率会影响剩余价值率。

下面我们来考虑一下剩余价值、无酬劳动和剩余劳动的总量。

在直接形式上，部门Ⅱ中没有劳动的耗费，剩余价值仅在部门

Ⅰ中创造。因此，以下等式成立：

$$剩余价值 = (\gamma - \nu)L_\mathrm{I} x_\mathrm{I} \tag{21}$$

无酬劳动总量可由自我努力总量减去形成过程中的投入总量和消费品量进行计算：

$$无酬劳动 = (\tau - wJ)N^* \tag{22}$$

剩余劳动总量由下式得出：

$$剩余劳动 = \gamma(N - \overline{N}) \tag{23}$$

这三个剩余量是相等的。

定理Ⅱ　剩余价值＝无酬劳动＝剩余劳动。

证明：

由式（16）和式（17），有：

$$\gamma(N - \overline{N}) = \gamma L_\mathrm{I} x_\mathrm{I} - wJ(I - T)^{-1}L_\mathrm{I} x_\mathrm{I} = (\gamma - \nu)L_\mathrm{I} x_\mathrm{I}$$

即剩余价值等于剩余劳动；而：

$$(\tau - wJ)N^* = [\tau(I - T)^{-1} - wJ(I - T)^{-1}]L_\mathrm{I} x_\mathrm{I} = (\gamma - \nu)L_\mathrm{I} x_\mathrm{I}$$

亦即：无酬劳动等于剩余价值。　　　　　　　　　　　　（证毕）

换句话说，按创造的价值的量、简单劳动耗费的量以及创造价值的各种劳动耗费的量来计算的剩余量，彼此是相等的。

下面我们来计算一下社会总剩余率。先做如下定义：

$$\mu = \frac{\gamma L_\mathrm{I} x_\mathrm{I}}{\nu L_\mathrm{I} x_\mathrm{I}} - 1 : 社会剩余价值率 \tag{24}$$

$$\mu' = \frac{\tau N^*}{wJN^*} - 1 : 社会无酬劳动率 \tag{25}$$

$$\eta = \frac{\gamma N}{\gamma \overline{N}} - 1 : 社会剩余劳动率 \tag{26}$$

这三种剩余率是相等的。

定理Ⅲ　$\mu = \mu' = \eta$。

证明：

我们先来证明 $\gamma L_{\mathrm{I}} x_{\mathrm{I}} = \tau N^* = \gamma N$。实际上，由 N 的定义可知 $\gamma L_{\mathrm{I}} x_{\mathrm{I}} = \gamma N$；同时，由定理 Ⅰ 可知 $\tau N^* = \gamma L_{\mathrm{I}} x_{\mathrm{I}}$。于是，根据定理 Ⅱ 可知：

$$\nu L_{\mathrm{I}} x_{\mathrm{I}} = w J N^* = \gamma \overline{N} \tag{27}$$

因此，$\mu = \mu' = \eta$。　　　　　　　　　　　　　　　（证毕）

要注意的是，上述等式（27）表示：

$$可变资本 = 有酬劳动 = 必要劳动$$

由此可得一推论。令：

$$\mu^{\mathrm{m}} = \min \mu_j : 最小剩余价值率$$
$$\mu'^{\mathrm{m}} = \min \mu'_j : 最小无酬劳动率$$
$$\eta^{\mathrm{m}} = \min \eta_j : 最小剩余劳动率$$

以及

$$\mu^{\mathrm{M}} = \max \mu_j : 最大剩余价值率$$
$$\mu'^{\mathrm{M}} = \max \mu'_j : 最大无酬劳动率$$
$$\eta^{\mathrm{M}} = \max \eta_j : 最大剩余劳动率$$

命题 8　　(i)　$\mu^{\mathrm{m}} > 0 \Rightarrow \mu'^{\mathrm{M}}, \ \eta^{\mathrm{M}}, \ \mu > 0$；

(ii)　$\mu'^{\mathrm{m}} > 0 \Rightarrow \mu^{\mathrm{M}}, \ \eta^{\mathrm{M}}, \ \mu' > 0$；

(iii)　$\eta^{\mathrm{m}} > 0 \Rightarrow \mu^{\mathrm{M}}, \ \mu'^{\mathrm{M}}, \ \eta > 0$。

实际上，μ、μ' 和 η 是 μ_j、μ'_j 和 η_j 的加权平均，由定理 Ⅲ 易证。

6. 至此，我们已经探讨了一个分析框架，该框架包含马克思－希法亭的关于还原问题的解释。

我们可以再一次确认，问题的关键是劳动的创造力。人有能力掌握简单、非熟练的劳动，但通过教育和培训，工人的自我努力得以积累来掌握各种复杂劳动。当部门 Ⅰ 的工人从事某种劳动来创造价值时，他们的自我努力便得到了体现。虽然剩余价值仅仅在部门 Ⅰ 中被创造出来，但这一结果源于包括部门 Ⅱ 工人在内的所有工人自我努力。

要注意的是，剩余价值和剩余劳动的相等并不明确取决于自我努力，自我努力确定了还原的潜在可能。

第二节　马克思基本定理

1. 在商品生产体系中，各种产品是被当作商品生产出来和进行交换的，技能也同样要受到商品生产规律的制约。在资本主义生产方式下，技能同样可以按生产价格进行定价。

我们下面要进行的，就是建立一个封闭型里昂惕夫经济下的生产价格体系。令：

p_{I}　$1 \times n$：一般商品的价格向量

p_{II}　$1 \times s$：技能的价格向量

$p = (p_{\mathrm{I}}, p_{\mathrm{II}})$：价格向量

π：利润率

则，生产价格体系可描述为：

$$p = (1 + \pi)pM \tag{28}$$

其中，有：

$$M = A + FL \tag{29}$$

或者，具体表示为：

$$(p_{\text{I}}, p_{\text{II}}) = (1 + \pi)(p_{\text{I}}, p_{\text{II}}) \begin{pmatrix} A_{\text{I}} & J \\ L_{\text{I}} & T \end{pmatrix}$$

也就是说，p_{II} 是劳动力价值的转形，因此它表示各种劳动的工资率。

式（28）的对偶体系可描述如下。令：

x_{I}^{c} $n \times 1$：部门 I 的冯·诺伊曼比率

x_{II}^{c} $s \times 1$：部门 II 的冯·诺伊曼比率

$x^{\text{c}} = \begin{pmatrix} x_{\text{I}}^{\text{c}} \\ x_{\text{II}}^{\text{c}} \end{pmatrix}$：冯·诺伊曼比率

g^{c}：冯·诺伊曼增长率

于是，冯·诺伊曼比率和冯·诺伊曼增长率可由下式求解：

$$x^{\text{c}} = (1 + g^{\text{c}})Mx^{\text{c}} \tag{30}$$

须注意的是，在第一章讨论的可获利润性条件和剩余条件均适用于矩阵 M。

现在，我们看看该如何将式（28）和式（30）扩展到超封闭型体系。令：

p_{III} $1 \times s$：劳动价格向量

$x_{\text{III}}^{\text{c}}$ $s \times 1$：第三领域的冯·诺伊曼比率

$$\tilde{p} = (p, p_{\text{Ⅲ}}): 超价格向量$$

$$\tilde{x}^c = \begin{pmatrix} x^c \\ x^c_{\text{Ⅲ}} \end{pmatrix}: 超冯·诺伊曼比率$$

$$\tilde{g}^c: 超冯·诺伊曼增长率$$

$$\tilde{\pi}: 超利润率$$

于是，式（28）和式（30）可分别扩展为：

$$\tilde{p} = (1 + \tilde{\pi}) \tilde{p} \tilde{M} \tag{31}$$

以及

$$\tilde{x}^c = (1 + \tilde{g}^c) \tilde{M} \tilde{x}^c \tag{32}$$

其中，有：

$$\tilde{M} = \tilde{A} + \tilde{F} \tilde{L} \tag{33}$$

显然，通过马克思－置盐的转形公式，可将扩大的价值体系即式（4）和式（11）分别转化为式（28）和式（31）。通过比较式（28）和式（31），我们能看出在价值转形为价格的过程中，到底发生了什么。

首先，我们可有以下命题。

命题 9 （ⅰ）若 p 和 π 满足式（28），则 $(p, 0_s)$ 和 π 满足式（31）。

（ⅱ）若 x^c 和 g^c 满足式（30），则 $\begin{pmatrix} x^c \\ x^c_{\text{Ⅱ}} \end{pmatrix}$ 和 g^c 满足式（32）。反之，若 $\tilde{x}^c$ 和 $\tilde{g}^c$ 满足式（32），则 $\tilde{x}^c_{\text{Ⅱ}} = \tilde{x}^c_{\text{Ⅲ}}$，且 $\begin{pmatrix} \tilde{x}^c_{\text{Ⅰ}} \\ \tilde{x}^c_{\text{Ⅱ}} \end{pmatrix}$，$g^c$ 满足式（30）。

（由简单的数学运算即可得证。）

于此我们必须仔细考虑一下命题 9（i）的逆。命题 9（i）的逆是显然的，因为在式（31）中，p_{III} 很明显是式（31）的一个子体系的解，亦即：

$$p_{III} = (1 + \tilde{\pi})p_{III}T$$

那么，$p_{III} = 0$ 这个事实在命题 9（i）中又该如何解释呢？

可以在式（4）和式（11）中看到，劳动力是不同于活劳动的。而在生产价格体系中，工资是付给劳动还是付给劳动力的并不明显：劳动力和劳动出现了相互重叠。$p_{III} = 0$ 可以根据马克思的劳动没有价格，而劳动力有价格即工资的观点进行解释。由此，比较封闭型和超封闭型体系，可知在商品生产中，劳动对生产的贡献隐藏于劳动力的背后。因此，劳动力的价格表现为劳动的价格。

命题 9（ii）的逆同样明显。从经济学角度来讲，因为 1 单位的复杂劳动对应 1 单位的复杂劳动力，所以 $x_{II}^c = x_{III}^c$ 是合理的。

2. 我们由 M 易知，封闭型体系中的基本对偶关系是成立的：封闭型体系的可获利润性等价于它的可再生产性。那么，利润率的正值性和剩余率的正值性之间又有什么样的关系呢？

首先，我们回顾一下假设（A.4）：封闭型体系是具有可生产性的。这就保证了，即便 A 是可约的，只要不付工资，还是可能获得正的利润。在以下讨论中，我们令：

$$\exists p^M \geq 0_{n+s}, \pi^M > 0 : p^M = (1 + \pi^M)p^M A \tag{34}$$

下面，为使我们的讨论更一般化，我们来考虑一下劳动分类的复杂性。

需要注意的是，有些劳动并不受雇于部门 I 。它们仅存在于部门 II 。若某种劳动受雇于部门 I ，则称之为第一类或生产性的；若某种劳动仅受雇于部门 II ，则称这种劳动为第二类或非生产性的。这是合理的分类，因为现实中有些类型的劳动，例如纯教学工作，并不存在于部门 I 中。至于第二种劳动，与其对应的 L 的行元素均为 0 。

由此可确认，上述讨论的一个意义在于，从广义上看是 $Lx \geq 0^s$ 而不是 $Lx > 0^s$ 。令：

$$N_{\mathrm{I}} \quad k \times 1 : 第一类劳动的雇佣向量$$

其中，$k \leq s$ 是第一类劳动类型的数量。

无损一般性，可得：

$$N = \begin{pmatrix} N_{\mathrm{I}} \\ 0^{s-k} \end{pmatrix}$$

（显然，简单劳动是否属于第一类劳动并不重要。）

现在，我们来证明以下一系列命题。

命题 10 若最小剩余劳动率为正，则利润率为正，即：$\forall x > 0^n$，$\eta^m > 0 \Rightarrow \pi > 0$。

证明：

必要产出可由式（16）决定，即：

$$\overline{x} = A\overline{x} + FLx$$

右边可再表示为：

$$\overline{x} \geqslant A\overline{x} + (1 + \eta^m)FL\overline{x} \tag{35}$$

将此式左乘满足式（28）的 p，则有：

$$p\overline{x} \geqslant pA\overline{x} + (1 + \eta^m)pFL\overline{x}$$

同时，由式（28）可知：

$$p\overline{x} = (1 + \pi)pM\overline{x}$$

因此，有：

$$\pi pM\overline{x} \geqslant \eta^m pFL\overline{x}$$

（a）若 $pF = 0$，则由假设（A.4）可知存在一个 $\pi > 0$，即式（34）。

（b）若 $pF \geqslant 0_s$，以及 $pFL\overline{x} = 0$，则有：

$$p\overline{x} \geqslant (1 + \pi)pA\overline{x}$$

而由 $pF \geqslant 0_s$ 以及 $N = Lx \geqslant 0^s$，可知：

$$p\overline{x} = pA\overline{x} + pFLx \geqslant pA\overline{x}$$

因此，$pA\overline{x} \leqslant (1 + \pi)pA\overline{x}$。

此时，若 $pFLx = 0$，则情况（b）将退化为情况（a）。我们使用以下集合表示生产性劳动的数量：

$$\langle N \rangle = \{k \mid (L \cdot 1^n)_k > 0\}$$

由假设（A.2）可知 $\langle N \rangle \neq \varnothing$，若 $pFLx = 0$，则对于 $i \in \langle N \rangle$，有：

$$(p_{\mathrm{II}})_i = 0$$

而对于劳动 j，其中 $j \in \{1, 2, \cdots, s\}$，$\notin \langle N \rangle$，满足 $(FL \cdot 1^n)_j = 0$。

因此，$pFLx = 0$ 蕴含着 $pFL = 0$，即情况（a）。

若 $pFLx > 0$，则 $p\bar{x} = pA\bar{x} + pFLx > pA\bar{x}$，即 $\pi > 0$。

（c）若 $pFL\bar{x} > 0$，即可得证。　　　　　　（证毕）

此命题的逆一般是不成立的。为使其逆成立，产出即数量体系的变量，需要满足一定的条件。森岛－塞顿方程提供了一些线索。

首先，要注意的是，封闭型体系的资本有机构成由下式决定：

$$\xi(w,x) = \frac{(w,\nu)FLx}{(w,\nu)Ax} \tag{36}$$

定理 IV　（森岛－塞顿方程）

$$g^\circ = \frac{\mu(x^\circ)}{\xi^\circ(x^\circ) + 1} \tag{37}$$

其中，$\xi^\circ(x^\circ) = \xi[(w,\nu),x^\circ]$，而 $\mu(x^\circ)$ 是由 x° 总计的社会剩余价值率。

证明：

将 (w,ν) 左乘式（31），则有：

$$g^\circ = \frac{(w,\nu)x^\circ - (w,\nu)Mx^\circ}{(w,\nu)Mx^\circ}$$

再由式（36），可知式（37）成立。　　　　　　（证毕）

推论　$g^\circ > 0 \Rightarrow \eta(x^\circ) > 0$。

正如以上定理和推论所示，如果将冯·诺伊曼比率作为加总权数，通过资本的有机构成和基于冯·诺伊曼比率计算的社会剩余价值率，就可以决定冯·诺伊曼增长率。同时，冯·诺伊曼增长率为正蕴含着社会剩余价值率为正。因此，对于 x° 附近的 x，相同的命题同样成立。

在此，我们引入增长区域的概念，即：

$$G = \{x \mid x > Mx, x \geqq 0^{n+s}\}$$

再由下式定义最大均衡增长率：

$$g^{M} = \max\{g \mid x \geqq (1 + g)Mx\} \tag{38}$$

命题 11　$g^{c} > 0 \Leftrightarrow C \neq \varnothing$。

证明：

必要性显然，而充分性可由 Frobenius 定理得证。

命题 12　$\eta^{m}(x) > 0$ 蕴含着 $\bar{x}(x) \in G$。其中 $\eta^{m}(\ )$ 和 $\bar{x}(\ )$ 分别表示它们取决于总产量。

证明：

在式（35）中，若 $\eta^{m} > 0$，则显然可知 $\bar{x} \in G$。　　　　（证毕）

命题 13　（增长约束）

$$g^{M} \leqq \frac{\mu(x)}{1 + \xi(x)} \tag{39}$$

证明：

将 (w, ν) 左乘式（38），即可得到式（39）。　　　　（证毕）

值得一提的是，定理Ⅳ和命题 13 在形式上分别与定理 I–Ⅴ 和命题 I–9 相同。这就再次确认了以下事实，即关于价值生产，教育部门与生产一般商品的部门并没有什么区别。

命题 14　$g^{c} > 0$ 蕴含着，对于 $x \in G$，有 $\mu(x) > 0$。

证明：

若 $g^{c} > 0$ 则 $G \neq \varnothing$，且存在 $x \in G$。对于一个 $x \in G$，有 $g^{M}(x) > 0$，因此 $\mu(x) > 0$。　　　　（证毕）

命题 15 $x \in G \Rightarrow \eta^m (x) > 0$。

证明：

由 $x \in G$ 可知 $x > Ax + FLx$，则有：

$$x > \bar{x} = (I - A)^{-1} FLx$$

亦即 $Lx > L\bar{x}$，因此 $\eta^m (x) > 0$。　　　　　　　（证毕）

综上所述，可得以下定理。

定理 V （广义马克思基本定理）对于任意 $x \in G$ 和 $x > 0^n$、$\pi > 0$，有：$g^c > 0$ 和 $\mu (x) > 0$ 是等价的。
（实际上，由命题 I-8 可知 $\pi = g^c$。）

3. 一旦考虑异质劳动，马克思基本定理就受到"对于 $\forall x \in G$ 和 $x > 0^n$"这一条件的限制。但该限制并没有想象的那样严格。

若经济处于增长区域，那么会生产出实际的剩余产品。增长区域外，一些部门会收缩，最终会出现负的生产。因此，经济迟早会再次回到增长区域。若经济可生产剩余产品、所有类型的劳动都能产生剩余劳动，那么这种经济状态就是可持续的。

因此，作为解释长期均衡增长的可能性及与之伴随的可获利润性的理论，马克思的价值理论是有效的。

第三节　冯·诺伊曼经济与异质劳动

1. 我们来考虑一下允许异质劳动存在的冯·诺伊曼经济。我们称这样的经济为封闭型冯·诺伊曼经济。

为使数理分析更加明晰，我们将第四章讨论的冯·诺伊曼经济直接扩展为包含异质劳动的经济。令：

$$A \quad q \times n: 投入矩阵$$
$$B \quad q \times n: 产出矩阵$$
$$L \quad s \times n: 劳动矩阵$$
$$F = (F^1, F^2, \cdots, F^s): 工资品矩阵$$

我们假设上述技术情况为已知。此外，我们令：

$$x^a \quad n \times 1: 实际强度向量$$
$$N^a = Lx^a: 实际雇佣向量$$

以上均被看成参数。

如常，我们可做如下假设：

$$A \geqslant 0, B \geqslant 0, L \geqslant 0, F^j \geqslant 0^q, N^a > 0^s \tag{B.1}$$

$$x \geqslant 0^n, Bx \geqslant Ax \Rightarrow Lx > 0 \tag{B.2}$$

$$\exists x \geqslant 0^n: Bx \geqslant Ax(弱可生产性条件) \tag{B.3}$$

2. 考虑以下线性规划问题（LP.Ⅰ）：

$$\text{Min}\{k \mid Bz \geqslant Az + FN^a, kN^a \geqslant Lz, z \geqslant 0^n, k \geqslant 0\} \tag{40}$$

显然，第一个不等式是对定义必要劳动的不等式的扩展，考虑了异质劳动的情况。那么，第二个不等式又意味什么呢？

既然 k 可表示为 $k = \max \dfrac{(Lz)_i}{(N^a)_i}$，$k$ 的大小就表示实际雇佣量

$(N^a)_i$ 中，能分配给工资品生产的最大量，因为 $\dfrac{(Lz)_i}{(N^a)_i}$ 表示关于劳动 i 的必要劳动和总劳动支出的比率。

因此，必要强度和最小必要劳动由 LP.Ⅰ决定。

由命题Ⅳ - 1 可知，于一个具有可生产性，且劳动必不可少的冯·诺伊曼经济中，存在 LP. Ⅰ的最优解 z^0。并可唯一确定 $\min k = k^0$。二者可定义为：

z^0:必要强度向量

k^0:最大必要劳动比率

要注意的是二者依存于 x^a。

根据 k 的含义，可视 $N^a - Lz^0$ 为剩余劳动向量。因此，劳动 j 的剩余劳动率可由下式定义：

$$\eta_j = \frac{(N^a)_j}{(Lz^0)_j} - 1 \tag{41}$$

因 z^0 不是唯一的，所以 η_j 也不能被唯一决定。进而，η_j 的值根据劳动类型的不同而不同。不过，对应于 k^0 的 η_j 有唯一的值。

定义 2 （整体剩余劳动率）

$$\eta^\dagger(x^a) = \frac{1}{k^0(x^a)} - 1 \tag{42}$$

不难得出：

$$\eta^\dagger \leqslant \eta_j \tag{43}$$

也就是说，整体剩余劳动率是封闭型里昂惕夫经济中最小剩余劳动率的扩展。要注意的是，若非对于所有 j 有 $\eta^\dagger = \eta_j$，那么即使 $k^0 = 1$，也会对于一些 j 有 $\eta_j > 0$。

下面我们将 LP. Ⅰ 的对偶问题描述为 LP. Ⅱ：

$$\text{Max}\{\Lambda FN^a \mid \Lambda B \leqslant \Lambda A + \gamma L, \gamma N^a \leqslant 1, \Lambda \geqslant 0_q, \gamma \geqslant 0_s\} \tag{44}$$

因为 LP. Ⅰ 有最优解，所以 LP. Ⅱ 也有最优解。令 Λ^0 和 γ^0 为 LP. Ⅱ 的最优解。则，二者可定义为：

$$\Lambda^0:最优价值向量$$
$$\gamma^0:最优还原比率向量$$

因为 LP. Ⅰ 的含义是劳动生产率的最大化，所以这样来定义 LP. Ⅱ 的最优解是有意义的。但要注意的是，使用 N^a 对 Λ^0 和 γ^0 进行了标准化。[5]

剩余价值量可通过 Λ^0 和 γ^0 来计算。由于净产品价值和工资总额分别由 $\Lambda^0(B-A)x^a$ 和 $\gamma^0 FN^a$ 决定，所以有：

$$剩余价值 = \Lambda^0(B-A)x^a - \gamma^0 FN^a$$

因此，整体剩余价值率可由下式定义：

$$\mu^\dagger = \frac{\Lambda^0(B-A)x^a}{\Lambda^0 FN^a} - 1 \tag{45}$$

而个别剩余价值率可定义为：

$$\mu_j = \frac{\gamma^0_j}{\Lambda^0 F^j} - 1 \tag{46}$$

至于 $\eta^\dagger$ 和 $\mu^\dagger$ 的关系，因为命题Ⅳ-2，故有以下命题。

命题 16　$\eta^\dagger \geqslant \mu^\dagger$。

证明：

实际上，由式（44）可知：

$$\Lambda^0(B-A)x^a \leqslant \gamma^0 Lx^a \leqslant 1$$

且，根据引理 15（ⅱ）可得：

$$k^0 = \Lambda^0 FLx^a \tag{47}$$

由此，即可得出结论。 （证毕）

Λ^0 和 γ^0 不是唯一的，因此 $\mu^\dagger$ 也不是唯一的。相较于整体剩余价值率，整体剩余劳动率是唯一的，所以更适合作为衡量剩余的尺度。在资本主义经济中，$\eta^\dagger > 0$ 意味着存在剥削。

显然，如果劳动为同质劳动，那么上述讨论就是第四章的内容。

3. 我们再来确认一下马克思基本定理是否在封闭型冯·诺伊曼经济中也能成立。

对于已知的 A、B、L、F，可如下定义冯·诺伊曼均衡：

$$\text{Min}\{\pi^w \mid p^w B \leqslant (1 + \pi^w)p^w(A + FL), p^w \geqslant 0_q\} \tag{48}$$

$$\text{Max}\{g^c \mid Bx^c \geqslant (1 + g^c)(A + FL)x^c, x^c \geqslant 0^n\} \tag{49}$$

如前，令 p^w 和 x^c 分别是式（48）和式（49）的最优解，π^w 和 g^c 分别是上述两式的最小值和最大值。这些变量定义了冯·诺伊曼均衡（π^w, p^w, g^c, x^c）。亦可写为：

$$M = A + FL$$

并做如下假设：

$$B \cdot 1^n > 0^q, 1_q M > 0_n \tag{B.4}$$

$$\min\{\pi^M \mid p^M B \leqslant (1 + \pi^M)p^M A, p^M \geqslant 0_q\} > 0 \tag{B.5}$$

以下讨论的展开方式同讨论封闭型里昂惕夫经济的情况一样。

定义增长区域为：

$$G = \{x \mid Bx \geqslant (A + FL)x, x \geqslant 0^n\}$$

最大均衡增长率可被定义为：

$$g^{M}(x^{a}) = \max\{g \mid Bx^{a} \geqslant (1+g)(A+FL)x^{a}\} \tag{50}$$

命题 17　若 $\eta^{\dagger} > 0$，则 $\pi^{w} > 0$。

证明：

（a）若 $p^{w}F = 0_{s}$，则假设（$B.5$）保证了 $\pi^{w} > 0$。

（b）设 $p^{w}F \geqslant 0_{s}$。由 LP.Ⅰ，可得：

$$Bz^{0} \geqslant Az^{0} + (1+\eta^{\dagger})FLz^{0}$$

将此式两边左乘 p^{w}，则有：

$$p^{w}Bz^{0} \geqslant p^{w}Az^{0} + (1+\eta^{\dagger})p^{w}FLz^{0}$$

而将式（48）右乘 z^{0}，可得：

$$p^{w}Bz^{0} \leqslant (1+\pi^{w})p^{w}(A+FL)z^{0} \tag{51}$$

由此可知，$\eta^{\dagger}p^{w}FLz^{0} \leqslant \pi^{w}p^{w}(A+FL)z^{0}$。

若 $p^{w}FLz^{0} > 0$，即可得证。若 $p^{w}FLz^{0} = 0$，则由式（51）和式（40）可知 $\pi^{w} > 0$：将式（40）左乘以 p^{w}，即得：

$$(1+\pi^{w})p^{w}Az^{0} \geqslant p^{w}Bz^{0} \geqslant p^{w}Az^{0} + p^{w}FN^{a} > p^{w}Az^{0} \qquad （证毕）$$

命题 18　（ⅰ）$G \neq \varnothing \Leftrightarrow g^{c} > 0$。

（ⅱ）$\eta^{\dagger}(x) > 0 \Leftrightarrow z^{0}(x) \in G$。

证明：

（ⅰ）显然，$g^{c} > 0$ 蕴含着 $G \neq \varnothing$。反之，若 $G \neq \varnothing$，则存在 $g > 0$、$x \geqslant 0^{n}$ 满足 $Bx \geqslant (1+g)(A+FL)x$。因此，由式（50）可知 $g^{c} = \max g > 0$。

（ⅱ）由 LP.Ⅰ可知：

$$Bz^0 \geqslant Az^0 + \frac{1}{k}FLz^0 \qquad (52)$$

若 z^0（x）$\in G$，则存在 $k < 1$，即 $k^0 = \min k < 1$。因此，$\eta^\dagger$（x）$>$ 0。

反之，若 $\eta^\dagger$（x）> 0，则有：

$$Bz^0 \geqslant Az^0 + \frac{1}{k}FLz^0 \geqslant Az^0 + FLz^0$$

因此 $z^0 \in G$。 （证毕）

现在，出于简便，做如下记述：

$$\begin{aligned} \xi^c(x^c) &= \xi[\Lambda^0(x^c), x^c] \\ \xi^a(x^a) &= \xi[\Lambda^0(x^a), x^a] \\ \xi^*(z^0) &= \xi[p^w, z^0(x^a)] \end{aligned} \qquad (53)$$

以上三个量均可取有限且非负的值。于是，可得以下定理。

定理Ⅵ （马克思基本不等式）（i）（增长约束）

$$g^M \leqslant \frac{\mu^\dagger(x^a)}{1 + \xi^a(x^a)} \qquad (54)$$

（ii）

$$\frac{\mu^*(x^a)}{1 + \xi^*(z^0)} \leqslant \pi^w \leqslant g^c \leqslant \frac{\mu^\dagger(x^c)}{1 + \xi^c(x^c)} \qquad (55)$$

其中，μ^*（x^a）$= \mu$（p^w, x^a）。

证明：

（i）将 Λ^0 左乘式（50），则有：

$$(1 + g^M)\Lambda^0(A + FL)x^a \leqslant \Lambda^0 Bx^a$$

由式（45）可知，式（54）成立。

（ii）若式（48）右乘 z^0（x^a），将其变形后即可知第一个不等式成立。由命题Ⅳ–3可知 $\pi^w \leqslant g^c$。若式（54）应用于 $x^a = x^c$，则第三不等式成立。 （证毕）

命题19 若 $g^c > 0$，则对于 $\forall\, x^a \in G$，有 $\mu^\dagger$（x^a）> 0。

证明：

由命题18（ii）可知，$g^c > 0$ 则 $G \neq \varnothing$。对于 $\forall\, x^a \in G$，有 g^M（x^a）> 0。因此，由式（54）可知 $\mu^\dagger$（x^a）> 0。 （证毕）

定理Ⅶ （广义马克思基本定理）对于 $\forall\, x^a \in G$，$g^c > 0$，$\pi^w > 0$，$\eta^\dagger$（x^a）> 0 等价。

（由命题16、命题17和命题19即可得证。）

最后，我们可得以下命题。

命题20 $\pi^w > 0 \Rightarrow \max \mu_j$（$x^a$）$\geqslant 0$。[6]

证明：

将 Λ^0（x^a）左乘式（49），则有：

$$\Lambda^0(x^a)Bx^c \geqslant (1 + g^c)\Lambda^0(x^a)(A + FL)x^c$$

将 x^c 右乘关于 x^a 的公式（44），可得：

$$\Lambda^0(x^a)Bx^c \leqslant \Lambda^0(x^a)Ax^c + \gamma^0(x^a)Lx^c$$

由此可得：

$$[\gamma^0(x^a) - \Lambda^0(x^a)F]Lx^c \geqslant g^c\Lambda^0(x^a)(A + FL)x^c$$

因为 $g^c \geqslant \pi^w$，$Lx^c \geqslant 0^s$ 和 Λ^0（x^a）（$A + FL$）$x^c \geqslant 0$，若 $\pi^w > 0$，则有：

$$\gamma^0(x^a) - \gamma^0(x^a)F \nleqslant 0_s$$

因此，$\max \mu_j$（x^a）$\geqslant 0$。 （证毕）

如此可见，即使冯·诺伊曼经济中允许异质劳动的存在，在第一和第二节中讨论过的封闭型里昂惕夫经济情况下的类似命题和定理，经过较小的修正后依然成立。正如我们在第四章中对第一章的讨论进行了一般化一样，在第一和第二节中的讨论亦在第三节中得到了扩展。不难看出这两个一般化讨论是类似的。

4. 在冯·诺伊曼经济中，复杂劳动又是如何还原为简单劳动的呢？本小节将进行一些扩展，使得本节的一般化讨论能够容纳第一和第二节的内容。

我们来看一个由部门 I 和部门 II 组成的冯·诺伊曼经济：部门 I 有 n 个生产过程，只生产 m 种商品，而部门 II 有 r 个生产过程，主要生产各种技能。要注意的是，部门 II 可允许商品和技能的联合生产，而部门 I 则不可。令：

B_1 $m \times n$:部门 I 商品的产出矩阵
B_2 $m \times r$:部门 II 商品的产出矩阵
B_3 $s \times r$:部门 II 技能的产出矩阵
A_1 $m \times n$:部门 I 商品的投入矩阵
J $m \times r$:部门 II 商品的投入矩阵
T $s \times r$:部门 II 复杂劳动的投入矩阵
L_I $s \times n$:部门 I 的劳动矩阵

于是，反映价值生产领域的封闭型体系的产出矩阵可表示为：

$$B = \begin{pmatrix} B_1 & B_2 \\ 0 & B_3 \end{pmatrix}$$

投入矩阵可表示为：

$$A = \begin{pmatrix} A_1 & J \\ 0 & T \end{pmatrix}$$

同样，劳动矩阵可表示为：

$$L = (L_{\mathrm{I}}, 0)$$

而合理工资品矩阵是已知的，如前所述，为：

$$F = \begin{pmatrix} 0 \\ I \end{pmatrix}$$

关于超封闭型冯·诺伊曼经济体系，可有：

$$\tilde{B} = \begin{pmatrix} B & 0 \\ 0 & B_3 \end{pmatrix}, \tilde{A} = \begin{pmatrix} A & 0 \\ 0 & T \end{pmatrix}, \tilde{L} = (L, 0), \tilde{F} = \begin{pmatrix} F \\ 0 \end{pmatrix}, \tilde{\tau} = (0_m, 0_s, \tau)$$

其中，关于自我努力，可假设：

$$\tau \geqslant 1, \tau_1 = 1 \qquad\qquad (\mathrm{B}.1^2)$$

此外，若有必要，我们使用类似的符号来表示超封闭型冯·诺伊曼经济体系的变量。

由于 $\tilde{A}$ 和 $\tilde{B}$ 通常是长方形矩阵，所以一般来说不可能以等式的形式扩展式（11）。为取代等式形式，我们需要考虑一个不等式：

$$(w, \nu, \gamma)\tilde{B} \leqslant (w, \nu, \gamma)\tilde{A} + \tilde{\tau} \qquad\qquad (56)$$

显然，这个不等式的解是广义的商品价值、劳动力价值和还原比率。但我们要注意以下两点。

第一，前小节中讨论的 Λ^0 对应式（56）中的 (w, ν)，γ^0 对应式（56）中的 γ。Λ^0 和 γ^0 是在价值生产领域决定的。第二，在前几个小节中忽略了自我努力。本小节的目的就是针对这两点进行一些必要扩展。

我们可将弱可生产性条件应用于由 $\tilde{B}$ 和 $\tilde{A}$ 描述的体系，则有以下命题。

命题 21 超封闭型体系的弱可生产性等价于式（56）存在非负解，即：

$$\exists x \geqq 0^{n+r} : (\tilde{B} - \tilde{A})x \geqq 0^{m+s} \Leftrightarrow \exists w \geqq 0_m, \nu \geqq 0_s, \gamma \geqq 0_s$$

证明：

令 $W = \tilde{B} - \tilde{A}$，可将 Minkowski-Farkas 引理（引理 14）应用于此体系。   （证毕）

准确地说，首先，(w, ν, γ) 满足式（56），且为式（44）的可行解的子集，但不一定就是最优解。那么，什么条件下式（56）的解才能成为式（44）的最优解呢？其次，根据 τ 的不同处理，式（56）和式（44）就会出现差异。其含义又是什么呢？

就第一点，式（44）是式（56）的子体系，相对来讲限制较少。仅当

$$\gamma^0 (B_3 - T) \leqq \tau$$

成立时，式（44）的最优解 γ^0 和 Λ^0 才满足式（56）。一个相对较小的 $B_3 - T$ 能满足此条件。

关于第二点，应该指出的是，从劳动生产率的最大化角度看，价值和还原比率由式（44）决定。还应当指出，由于劳动生产率的最大化仅在价值生产的领域内才受到重视，所以自我努力在此并不重要。从价值生产方面看，价值创造力移转是一个潜在过程。

此外，从式（44）的目标函数来看，也许可以说，劳动力价值在形式上决定着还原比率。

若将本节（第三节）的讨论应用于封闭型里昂惕夫经济，则有：

$$\Lambda^0 = \gamma L (I - A)^{-1}$$

以及

$$\gamma L x^a = 1$$

可知：

$$\gamma(I - T) = \tau$$

仅是附属的。

也就是说，在里昂惕夫经济中，无论是使用劳动生产率的最大化还是根据方程体系来确定价值和还原比率，由于有 $(I-T)^{-1} \geq 0$，所以结果都是一致的。但正如我们在第三章所讨论的，在冯·诺伊曼经济中，二者一般来说是不可能一致的。

然而，如本节所示，即使无视自我努力，马克思基本定理同样成立，也可以解释生产和分配的性质。

第四节　结语——关于一些其他的见解

1. 本节介绍其他一些经济学家的批判性见解。

斯蒂德曼提出了异质劳动的还原问题（Steedman，1997，ch. 7），这是他对马克思所做的批判中的一部分。假设有 N 种异质劳动，w^j 和 ℓ^i 分别表示单位劳动 j 的工资向量和生产各种商品需要的直接或间接劳动 i 的耗费量。定义 $V = (\nu_{ij})$，其中 $\nu_{ij} = \ell^i \cdot w^j$。令：

$$L = {}^t(\ell^1, \ell^2, \cdots, \ell^N) \geq 0, W = (w^1, w^2, \cdots, w^N) \geq 0$$

则有：

$$V = LW \geqq 0$$

为简便起见，设 ν 不可约。

首先，在雇佣水准 E 上，若 $VE < E$ 成立，则意味着存在剩余劳动。其充要条件为 V 具有生产性，即 $(I - V)^{-1} \geqq 0$。可知即使没有异质劳动的还原，剩余劳动同样存在。

其次，令 M 和 a_i（$i = 1, 2, \cdots, N$）分别表示投入系数矩阵和直接劳动投入向量。生产价格 p^m 和利润率 r 可由下式决定：

$$p^m = (1 + r)p^m(M + \sum w_j \cdot a_j)$$

同样不涉及异质劳动的还原。

简而言之，斯蒂德曼的结论是：异质劳动的还原是多余的。

我们在第一章曾提到斯蒂德曼对马克思的两个批判，上述两个论点就是它们的直接扩展。第一点对应于基本对偶关系，第二点与生产价格一般由技术条件和分配决定的论点是类似的。

价值概念和还原概念的必要性是否存在，不在于它们能否从数量上直接决定生产价格体系。它们的重要性在于，能帮助我们理解利润率的正值性和增长约束。斯蒂德曼对马克思的批判并不能否定马克思价值理论的有效性。

2. 鲍尔斯和金缇斯从不同的角度剖析了含有异质劳动的马克思基本定理（Bowles and Gintis, 1977, 1978）。

分别令 C 和 L 表示投入矩阵和劳动矩阵。令 $\Lambda = (\lambda_{ri})$，其中 λ_{ri} 为生产 1 单位商品 i 所必要的劳动 r 的量。Λ 由下式决定：

$$\Lambda = \Lambda C + L = L(I - C)^{-1}$$

令 B 和 y 分别表示工资品矩阵和产出向量，$(I - \Lambda B) Ly$ 表示剩余劳动。要注意的是，这里 $V = \Lambda B = (\nu_{rj})$ 与斯蒂德曼的 V 一致。

由上可知，剥削率可由下式定义：

$$\sigma(y) = \frac{(I - V) Ly}{\nu Ly}$$

以及对于各类型的劳动，有：

$$e_r(y) = \frac{1 - \tilde{\nu}_r}{\tilde{\nu}_r}$$

其中，$\tilde{\nu}_r = \sum_{i,s} \lambda_{si} b_{ir}$。

鲍尔斯和金缇斯在里昂惕夫经济的框架下，讨论了利润率和这些比率的关系，这些概念没有考虑异质劳动的还原。他们所得到的命题，是在本章中已被证明的命题 11、命题 20 及定理Ⅶ的特例。[7]

$\frac{(Ly)_j}{(\nu Ly)_j} - 1$ 表达了剥削尺度，但鲍尔斯和金缇斯忽视了这个比率的重要性。该比率与我们前面讨论的剩余劳动率是一致的，因此不可忽略。

3. 在上述的讨论中出现的变量 V 说明，斯蒂德曼、鲍尔斯和金缇斯实际上是将剩余劳动存在的可能性归因于矩阵的特性，矩阵 V 的组成部分表示工人最终获取的商品数量。

针对这一问题，U. 克劳斯（Krause，1981）通过标准还原比率在形式上做了一个详尽的讨论。

令 A（$n \times n$）、L（$m \times n$）和 F（$n \times m$）分别表示投入矩阵、劳动矩阵和工资品矩阵。生产价格 $p \geqslant 0_n$、利润率由下式决定：

$$p = (1 + r)pM, r = \frac{1}{\rho(M)} - 1$$

其中，$M = A + FL$，$A \geqslant 0$、$F \geqslant 0$ 和 $L \geqslant 0$。

设经济是可生产性的：$(I - A)^{-1} \geqslant 0$。$H \geqslant 0$，$H = L(I - A)^{-1}F$，矩阵 H 中的 (i, j) 表示生产 1 单位劳动 j 所需要的劳动 i 的量。由 α^* 定义的标准还原比率应满足：

$$\alpha^* H = \rho(H)\alpha^* \tag{57}$$

对于 $\alpha \in {}^m\mathbb{R}$ 和 $y \in \mathbb{R}^m$，剩余价值率可定义为：

$$m(\alpha, y) = \frac{\alpha y - \alpha H y}{\alpha H y} \tag{58}$$

于是，克劳斯证明了如下命题。

Krause 命题 设 A 不可约，$1_m L > 0^n$ 和 $1_n B > 0^m$。对于 $y \geqslant 0^m$，$\alpha^* y > 0$，有：

（i）当且仅当 $m(\alpha^*, y) > 0$，有 $r > 0$；

（ii）若 $r > 0$，则 $r \leqslant m(\alpha^*, y)$。[8]

证明：

（i）由式（57）和式（58），可知 $m(\alpha^*, y) = \dfrac{1 - \rho(H)}{\rho(H)}$。下面我们来证明，当且仅当 $\rho(H) < 1$ 时，$\rho(M) < 1$ 成立。

既然当 $\rho(M) < 1$ 时，有 $\exists p \geqslant 0_m$：$p > pFL(I - A)^{-1}$，即 $pF > pFL(I - A)^{-1}F = pFH$。因此，$\rho(H) < 1$。

反之，若 $\rho(H) < 1$，则 $\exists p > 0_m$：$p > pH$，即 $pL > pHL$。因

此有：

$$pL + pL(I - A)^{-1}A > pHL + pL(I - A)^{-1}A$$

故有：

$$pL(I - A)^{-1} > pL(I - A)^{-1}(A + FL) = pL(I - A)^{-1}M$$

因为当 $p > 0_m$ 时，有 $pL(I - A)^{-1} > 0_n$，所以 $\rho(M) < 1$。

（ii）首先，令 $U = (I - A)^{-1}FL$。我们来证明 $\rho(U) = \rho(H)$。因为 U 和 H 是对称的，所以只需证明 $\rho(H) \leqslant \rho(U)$ 即可。

显然，若 $\rho(H) = 0$，则 $\rho(H) \leqslant \rho(U)$。设 $\rho(H) > 0$，$\exists x \geqslant 0_m$：$xL \geqslant 0_n$ 以及：

$$xL(I - A)^{-1}F = \rho(H)x$$

因为 $LU = HL$，所以上式可表示为：

$$xLU = xHL = \rho(H)xL$$

因此，有 $\rho(H) \leqslant \rho(U)$。

同样，可有 $\rho(U) \leqslant \rho(H)$。故而，$\rho(U) = \rho(H)$。

接下来我们再来证明，如果 $\rho(M) < 1$，则有 $\rho(U) \leqslant \rho(H)$。

既然 $\exists y \geqslant 0^n$：$U_y = \rho(U)y$，由于 $I - M = (I - A)(I - U)$，可知：

$$y - My = (I - A)[I - \rho(U)]y$$

由 $(I - A)^{-1}FLy = \rho(U)y$ 和 $FL \geqslant 0$ 可知，当 $\rho(U) > 0$ 时，$(I - A)y \geqslant 0^n$ 成立。

若 $\rho(U) \geqslant 1$，则有：

$$y - My = (I - A)[1 - \rho(U)]y \leqslant 0^n$$

亦即，$\rho(M) \geqq 1$。换言之，$\rho(M) < 1$ 蕴含着 $\rho(U) < 1$。

若 $\rho(U) < 1$，则有：

$$y - My = [1 - \rho(U)](I - A)y \leqq [1 - \rho(U)]y$$

可知 $\rho(U)y \leqq My$，故有 $\rho(U) \leqq \rho(M)$。

因此，若 $\rho(M) < 1$，则 $\rho(H) = \rho(U) \leqq \rho(M) < 1$。

（证毕）

通过利用标准还原比率，我们可知，马克思基本定理在任何产出量下都能成立。而且标准还原比率独立于市场条件。

在此我们可将标准还原比率应用于第一和第二节的讨论中。在封闭型里昂惕夫经济中，有：

$$H = L(I - A)^{-1}J(I - T)^{-1}$$

令 w^* 和 ν^* 分别为表示 α^* 的商品价值和劳动力价值，于是有：

$$
\begin{aligned}
\alpha^* H &= \alpha^* L(I - A)^{-1}J(I - T)^{-1} \\
&= w^* J(I - T)^{-1} \\
&= \nu^* = \rho(H)\alpha^3
\end{aligned}
\tag{59}
$$

由此我们可以明确以下两点。第一，因为 H 与必要劳动表达式即式（17）中得到的系数矩阵相同，所以 α^* 同样对应于剩余劳动率的定义。第二，利用作为还原比率的 α^*，可使剩余价值率与剩余劳动率互等，因而对于所有类型的劳动，剩余劳动率的值可以相等。这是标准还原比率的一个重要特性。

此外，只有在 $(I - A)^{-1} \geqq 0$ 的里昂惕夫经济中，标准还原比率才能以经济学上适当的方式下定义。

4. 霍兰德（Hollander，1978）解释了包含异质劳动的马克思基本定理，他的方法是给定一个不同形式的还原比率。他讨论了还原比率与工资率成比例时，马克思基本定理的有效性。我们在此对他的论述进行一些扩展。

我们来考虑一下第三节中的冯·诺伊曼经济，并做出同样的假设。有以下的线性规划问题（LP. Ⅲ）：

$$\text{Min}\{\boldsymbol{\Psi}Ly \mid By \geqslant Ay + FLx^{\text{a}}, y \geqslant 0^{n}\} \tag{60}$$

其中，$\boldsymbol{\Psi} \in {}^{s}\mathbb{R}_{+}$。此式有最优解，我们将其表示为 $y^{0}(\boldsymbol{\Psi}, x)$。

LP. Ⅲ 的对偶问题可描述为 LP. Ⅳ：

$$\text{Max}\{qFLx \mid qB \leqslant qA + \boldsymbol{\Psi}L, q \geqslant 0_{m}\} \tag{61}$$

设 $q^{0}(\boldsymbol{\Psi}, x)$ 为 LP. Ⅳ 的最优解。根据对偶定理，可知：

$$Ly^{0}(\boldsymbol{\Psi}, x) = q^{0}(\boldsymbol{\Psi}, x)FLx \tag{62}$$

我们将抽象剩余劳动率定义如下：

$$\sigma(\boldsymbol{\Psi}, x) = \frac{\boldsymbol{\Psi}Lx}{\boldsymbol{\Psi}Ly^{0}(\boldsymbol{\Psi}, x)} - 1$$

并将抽象剩余价值率定义如下：

$$v(\boldsymbol{\Psi}, x) = \frac{q^{0}(\boldsymbol{\Psi}, x)(B - A)x}{q^{0}(\boldsymbol{\Psi}, x)FLx} - 1$$

如前所述，由 LP. Ⅳ 可得：

$$q^{0}(\boldsymbol{\Psi}, x)(B - A)x - q^{0}(\boldsymbol{\Psi}, x)FLx \leqslant \boldsymbol{\Psi}Lx - q^{0}(\boldsymbol{\Psi}, x)FLx$$

再由式（62）可知：

$$v(\boldsymbol{\Psi}, x) \leqslant \sigma(\boldsymbol{\Psi}, x)$$

此外，个别抽象剩余价值率可由下式定义：

$$v_j(\Psi, x) = \frac{\Psi_j}{q^0(\Psi, x)F^j} - 1 \qquad (63)$$

所有变量都取决于参数 Ψ。那么该如何确定 Ψ 呢？霍兰德论证了在里昂惕夫经济条件下 $\Psi = pF$ 的情况。

Hollander 命题　设 $B = I$，令价格方程如下：

$$p = (1 + \pi)p(A + FL), p \geqq 0_n \qquad (64)$$

（i）$v(\Psi, x) = \sigma(\Psi, x)$；

（ii）若 A 为不可约，且 $\Psi = pF$，则当且仅当 $v(\Psi, x) > 0$，有 $\pi > 0$。[9]

证明：

（i）此种情况下有 $q^0(\Psi, x) = \Psi L(I - A)^{-1}$，故有：

$$\Psi L x = q^0(\Psi, x)(I - A)x$$

因此，$v(\Psi, x) = \sigma(\Psi, x)$。

（ii）将 $y^0(\Psi, x)$ 右乘式（64），将满足式（64）的 p 左乘式（60），则有：

$$\pi[pAy^0(\Psi, x) + Ly^0(\Psi, x)] = \sigma(\Psi, x)\Psi L y^0(\Psi, x)$$

因为 $(pA + \Psi L)y^0(\Psi, x) > 0$ 以及 $\Psi L y^0(\Psi, x) > 0$，所以 $\pi > 0$ 等价于 $\sigma(\Psi, x) > 0$。　　　　　　　　　　（证毕）

下面我们将霍兰德的讨论扩展到冯·诺伊曼经济中。仅将相关结论列举如下。利用第三节已定义的概念，可证以下命题。

命题 22

（i）$g^M \leqq \dfrac{v(\Psi, x)}{1 + \xi[q^0(\Psi, x), x]}$；

（ii）设 $p^w F = \Psi$，有 $\sigma(\Psi, x) > 0 \Rightarrow \pi^w > 0$；

（iii）对于 $x \in G$，$g^c > 0 \Rightarrow \sigma\ (\Psi,\ x)\ > 0$；

（iv）$\pi^w > 0 \Rightarrow \max v_j(\Psi,\ x)\ > 0$。

需要注意的是，命题中的 $p^w F = \Psi$ 若满足，则 F 的各行互成比例。这也许是霍兰德的论点成立的唯一情况。因此，马克思基本定理因霍兰德的限制条件受到了损害。

此外，命题 22（i）和命题 22（iii）并不依赖于 Ψ 的具体特性。这并不特殊，因为剩余总是由剩余物来定义的，在根本上取决于必要产出量或者产出强度。

5. 我们下面来做一些结论性的总结。

为了解释马克思－希法亭的还原问题，我们要明确区分劳动的三种转变。基于这种区分，生产技能的教育部门复合了不同类型的劳动转变，与生产一般产品的产业是不同的。主要的不同之处是，一般部门的活劳动凝结进入商品价值之中，而教育部门的活劳动即价值创造力在生产技能的同时发生了转移，因此这些活劳动并不凝结成为价值。教育部门是价值生产和价值形成过程的综合，即技能生产和活劳动移转过程的综合。教育部门的特征是，在劳动过程或形成过程中，劳动力的使用价值即活劳动本身被保存下来。

基于我们对劳动转变的理解，我们可构建价值生产的封闭型体系，并建立决定商品价值、技能价值和复杂劳动还原比率的方程体系。同样可看出，形成过程是隐藏于生产者的背后的。要注意的是，该封闭型体系是一个可分解体系，但这并不会对我们的结论产生任何影响。

复杂劳动的形成是所有社会成员付出的自我努力的积累。生产成果是全体工人付出的集体劳动的成果，不论他们是否直接对生产做出贡献。该结论由定理 I 得到，这在马克思经济学中非常重要，因为它证明了自我努力才是新价值的本质来源。一定要注意到，置盐或罗松的还原比率并不能用来建立此定理。

基于以上内容可以看出，由定理 II 和定理 III 证明的三个不同角度的剩余量是相等的，且由定理 IV 证明的森岛 – 塞顿方程也是成立的。

一旦允许异质劳动存在，（广义）马克思基本定理即定理 V 则受到限制：马克思基本定理仅在处于增长区域内的经济中成立。

此外，处于增长区域外的经济不具有持续性，所以经济迟早必回到增长区域中。

处在增长区域外的经济状态可能会产生负的剩余劳动率。这也许可以用工人剥削工人来解释，但这样工人受到的资本家的剥削就不是全部剥削。

讨论的焦点在从里昂惕夫经济转向冯·诺伊曼经济时，我们遇到了将等式分析进行一般化的难题。这个难题可以从劳动生产率最大化的角度，通过不等式的形式来解决。在不等式体系中，与在封闭型里昂惕夫经济中一样，马克思基本定理和相关命题依然成立，保留了马克思价值理论的意义。

从该意义上说，我们可以确定：马克思的价值理论依然能有效地帮助我们理解资本主义经济。

总之，资本主义经济中没有人能剥削资本家。

第六章　级差地租的分析基础

引言——问题的提出

拥有不同种类生产要素的各阶级构成了现代社会，各阶级通过相应的生产要素获得收入。在马克思经济学中，初步讨论了两大阶级的收入来源和分配：工资以外的收入形式概括为利润，攫取这些利润的人被称为资本家。

若我们聚焦于农业部门，便会发现地主阶级的存在。资本家从地主手中租借土地，并将自己所获利润的一部分作为地租交给地主。马克思写道（《资本论》第三卷，第695页）：

> 土地所有权的前提是，一些人垄断一定量的土地，把它当作排斥其他一切人的，只服从自己私人意志的领域。

土地的私有或土地的垄断构成了资本主义的历史前提，但拥有土地这件事本身并不能决定土地资产的经济价值。资本主义经济中土地资产的经济价值取决于各种经济性条件。

我们来考虑一个地主阶级垄断农业土地的资本主义经济。资本－劳动的关系不仅在工业部门，也在农业部门建立起来。农业资本家是资本主义农场主，他们雇用工人去耕地，并根据土地契约的规定，付给土地所有者一定的地租。

资本的目的是生产和占有利润，因此农业资本家同样依照价值规律投下资本并对产品定价。资本主义经济的这些条件决定了土地资产的经济价值，也就是地租。

土地资产或在土地资产上表现的自然力及自然条件不是劳动生产物，因此其本身绝不可能成为价值或剩余的源泉。

那么，我们该如何来衡量土地资产的经济价值呢？我们来比较以下两个工厂，一个工厂以蒸汽机为动力来源，而另一个工厂以瀑布为动力来源。假设两个工厂用相同的技术生产同质的商品，区别仅在于动力来源不同，且两个工厂生产的商品在市场上售价相同。那么，以瀑布为动力来源的工厂在经济上更为有利，因为瀑布本身是可以免费利用的。这个工厂就会创造超额利润，即比利用蒸汽机产生的平均利润多出的那部分利润。然而（《资本论》第三卷，第727页）：

> 这种自然力的占有，在它的占有者手中形成一种垄断，成为所投资本有较高生产力的条件，这种条件是不能由资本本身的生产过程创造的；能够这样被人垄断的这种自然力，总是和土地分不开的。

若瀑布属于土地所有者，那么（《资本论》第三卷，第727页）：

利用瀑布而产生的超额利润，不是产生于资本，而是产生于资本对一种能够被人垄断并且已经被人垄断的自然力的利用。在这种情况下，超额利润就转化为地租，也就是说，它落入瀑布的所有者手中。

地租的决定同样适用于与生产有关的其他形式的自然力或自然条件。对于不同的自然条件，等量的资本可能会产生不同的生产成果。这可归因于土地的肥沃程度和地理位置。

土地的肥沃程度取决于土壤的化学成分以及农业化学和农业机械的发展（《资本论》第三卷，第 733 页）：

肥力虽然是土地的客体属性，但从经济方面说，总是同农业中化学和机械的发展水平有关系，因而也随着这种发展水平的变化而变化。

因此，土地的肥沃程度不单指自然肥力，也是经济肥力。

土地的地理位置也是一样。地理位置一般是指生产商品的土地和市场间的距离关系。但考虑到交通系统的发展，土地的地理位置同样也是指经济位置。

以生产价格体系为前提，根据土地的肥沃程度及地理位置的不同而产生的，因土地所有权的垄断而必须支付给土地所有者的农业资本家收入的一部分称为级差地租。

土地占有本身并不能创造出作为地租的那部分价值。自然力和自然条件不是超额利润的源泉，只是自然基础。也就是说，土地占有（《资本论》第三卷，第 729 页）：

它不是使这个超额利润创造出来的原因，而是使它转化为地租形式的原因，也就是使这一部分利润或这一部分商品价格被土地或瀑布的所有者占有的原因。

从以上角度看，马克思发展了他的级差地租理论。尽管他的阐述用到了很多复杂的数值例子，但分析目标总结起来有两点：一是级差地租是如何依照生产价格理论决定的；二是资本的生产率变化是如何对级差地租产生影响的。

本章把微观分析框架应用于马克思的级差地租理论中，以此来阐明他的基本论点。

第一节，我们讨论级差地租是如何在里昂惕夫经济下决定的，对应马克思的级差地租第一形式。

第二节，我们探讨资本的不同生产率导致的级差地租变化，也就是级差地租的第二形式。

在此需要强调的是，本章只探讨级差地租的基本问题。

下面，以土地的"肥沃程度"一词来代表可被垄断的一切自然条件。

第一节　里昂惕夫经济下的级差地租

1. 我们来考虑一个存在私有土地的资本主义经济。经济中有三个阶级，即资本家阶级、工人阶级和地主阶级。

经济由工业和农业构成。工业部门生产 n 种商品，而农业部门只生产 1 种商品。按照政治经济学的惯例，我们将农业部门商品统称为谷物。

假设存在 s 种土地，分别为土地 1，土地 2，…，土地 s。土地对于农业而言是必需的，而对于工业部门却并非一定要有。因此，只有农业资本家从地主手中租用土地。

可将该经济视为里昂惕夫型，但两个特殊点需要注意：（1）在农业中，不同的土地可以运用不同的技术；（2）农业技术不一定是线性的，同时所有土地均可使用的技术只有一种，即农业中允许在异质性土地上选择非线性技术。这种经济称为包含土地资产的里昂惕夫经济。

现在，我们将使用如下标记：

A　$n \times n$:投入矩阵(从工业到工业)

d　$1 \times n$:投入向量(从农业到工业)

a_0　$1 \times n$:工业的劳动向量

K^j　$n \times 1$:土地 j 上的工业品的投入向量

Q_j:土地 j 上的谷物投入

L_j:土地 j 上的劳动投入

H_j:土地 j 耕地面积的英亩数

$H = \sum H_j$:耕地总面积英亩数

X_j:土地 j 上的谷物生产量

X:谷物的总供给

F:工资品束

p_I　$1 \times n$:工业品的价格向量

p_a:谷物价格

π:利润率

ω:工资率

λ_j:超额利润率

K_j:土地 j 上的资本投入量

$m_j = \dfrac{K_j}{H_j}$:土地 j 上单位英亩的资本投入量

其中，有：

$$K_j = p_I K^j + p_a Q_j + \omega L_j$$

生产函数可表示为：

$$X_j = X_j({}^tK^j, Q_j, L_j; H_j)$$

其中，若 $H_j = 0$，则 $X_j = 0$。

现在，我们来做如下定义。

定义 1 （级差地租）级差地租是在同量的土地上使用两个等量的资本所取得的产品量之间的差额（《资本论》第三卷，第 731 页）。

给定 p_{I}、π 和 ω，土地 j 的谷物的生产价格可表示为：

$$p_{\text{a}}X_j = (1 + \pi + \lambda_j)(p_{\text{I}}K^j + p_{\text{a}}Q_j + \omega L_j) \qquad (1)$$

上述定义中的差额为：

$$\frac{p_{\text{a}}X_j}{H_j} - \frac{p_{\text{a}}X_i}{H_i} = (1 + \pi)(m_j - m_i) + \lambda_j m_j - \lambda_i m_i$$

无损一般性地，可令 $\lambda_i = 0$。若 $m_j = m_i$，$H_j = H_i$，则可得：

$$\frac{p_{\text{a}}X_j}{H_j} - \frac{p_{\text{a}}X_i}{H_i} = \lambda_j m_j$$

由此，可有土地 j 的级差地租[1]：

$$R_j = \lambda_j m_j$$

那么，土地 j 产出的谷物的生产价格可写为：

$$p_{\text{a}}X_j = (1 + \pi)(p_{\text{I}}K^j + p_{\text{a}}Q_j + \omega L_j) + R_j H_j$$

因此，超额利润被转化为级差地租，也就是每英亩土地的地租。

决定价格和分配的整个方程体系可表达如下。[2]对于 $j \in \{1, 2, \cdots, s\}$，有：

$$p_{\text{I}} = (1 + \pi)(p_{\text{I}}A + p_{\text{a}}d + \omega a_0) \qquad (2)$$

$$p_aX_j = (1 + \pi)(p_1K^j + p_aQ_j + \omega L_j) + R_jH_j \tag{3}$$

$$R_1R_2\cdots R_s = 0 \tag{4}$$

$$\sum X_j = X \tag{5}$$

$$p_a = 1 \tag{6}$$

式（2）定义工业品的生产价格，式（3）表示在农业部门中有：

$$总产值 = 生产价格 + 地租$$

式（4）表示至少有一种土地的级差地租为零，所以式（2）和式（3）中的一个等式共同决定了谷物的生产价格。[①] 此外，式（5）意味着谷物的供给应等于一个给定的量。式（6）显然表示价格标准。

从式（2）到式（6）的方程体系，有 $n + s + 3$ 个等式，但有 $n + 2s + 3$ 个未知数，即 p_1、p_a、R_j、X_i、π 和 ω。若给定 s 个未知数的值，则可以同时确定其余的未知数。

在以下的讨论中，假定农业资本家的生产计划 X_j 是既定的。那么，式（5）是多余的，因此价格、利润和地租会作为实际工资率的函数被决定。[3)]

由上述公式，可得：

$$\lambda_j = \frac{R_j}{m_j} = \frac{R_jH_j}{K_j} \tag{7}$$

也就是说，一种土地的超额利润率表示地租与投入资本的比率。决

---

① 即当 j 取某一给定值时。——译者注

定地租就是决定超额利润。后者虽然是隐藏的，但更为重要。为说明此点，我们做如下定义：

$$p_a^{(j)}:土地\,j\,生产的谷物的个别生产价格$$

其中，有：

$$p_a^{(j)} = p_a - \frac{R_j H_j}{X_j} \tag{8}$$

于是，有：

$$p_a = \left\{1 + \frac{\lambda_j}{1+\pi}\right\}p_a^{(j)} \tag{9}$$

即可得以下命题。

命题 1 设 $1+\pi>0$ 且 $p_a^{(j)}>0$，则有：

（i） $\lambda_j > \lambda_i$ 等价于 $p_a^{(j)} > p_a^{(i)}$，$i \neq j$；

（ii） 当且仅当 $\lambda_j = 0$ 时，$p_a = p_a^{(j)}$。

由此，超额利润率的排列顺序等同于个别生产价格的排列顺序，这说明从资本家阶级的角度来看，土地肥沃程度的排列是由超额利润率 λ_j 的排列顺序来表示的。由于土地的种类各有不同，级差地租的排列顺序并不等同于超额利润率的排列顺序，即 $R_j > R_i \Leftrightarrow \lambda_j > \lambda_i$。这样一来，超额利润被转化为级差地租。

若 $\lambda_j > \lambda_i$，则可以说土地 j 的肥沃程度比土地 i 更高。肥沃程度由低到高的土地排列顺序称为递增顺序，反之称为递减顺序。因为 λ_j 是实际工资率的函数，当实际工资率发生变化时，地租的排列顺序也会随之变化。这样一来，原来不产生地租的土地亦会变得能产生地租，反之亦然。[4]

2. 现在，设实际工资率由下式给定：

$$\omega = (p_{\mathrm{I}}, p_{\mathrm{a}})F \tag{10}$$

可令：

$$A^*(j) = \begin{pmatrix} A & \dfrac{K_j}{X_j} \\ d & \dfrac{Q_j}{X_j} \end{pmatrix}, \ L(j) = \left(a_0, \dfrac{L_j}{X_j}\right)$$

以及

$$M^*(j) = A^*(j) + FL(j)$$

其中，给定如下前提条件：

$$A \geqq 0, K^j \geqq 0^n, d \geqq 0^n, Q_j > 0, X_j > 0, F \geqq 0^{n+1} \tag{A.1}$$

$$L_j > 0, a_0 > 0_n \tag{A.2}$$

$$\text{矩阵 } A \text{ 不可约} \tag{A.3}$$

由此可知 $A^*(j)$ 也是不可约的（参见引理 4）。

包含级差地租的均衡可定义如下。

定义 2　（包含级差地租的均衡）包含级差地租的均衡是这样的一种经济状态，即对于 $\omega > 0$，$\pi > 0$，$p_{\mathrm{I}} > 0_n$，$p_{\mathrm{a}} > 0$，$R_j \geqq 0$，满足式（2）~式（6）以及式（10）。

定理 I　（i）存在包含级差地租的均衡等价于：

$$\rho[M^*(k)] < 1 \tag{11}$$

其中，k 的定义为：

$$\lambda_k = \min \lambda_j = 0 \tag{12}$$

（ii）对于所有的 j，$R_j = 0$ 等价于：

$$\rho[M^*(k)] = \rho[M^*(j)] \tag{13}$$

其中，k 为式（12）所述。

证明：

（ii）的成立是显而易见的，只需证明（i）即可。

充分性：由式（11）可知，根据 Frobenius 定理存在 $\pi > 0$，$p_I > 0_n$ 和 $p_a > 0$。再由式（12）可知，$R_k = 0$ 以及 $R_j \geqq 0$。

必要性：因为 $p_a > 0$，$\pi > 0$，所以根据命题 1 可知：

$$p_a^{(k)} \geqq p_a^{(j)}$$

若 $R_j \geqq 0$，则有：

$$p_a \geqq p_a^{(j)}$$

而由式（4）可知，存在 $j \in \{1, 2, \cdots, s\}$ 使得：

$$p_a = p_a^{(j)}$$

因此，有：

$$p_a = \max p_a^{(j)} = p_a^{(k)}$$

即：

$$\lambda_k = \min \lambda_j = 0$$

显然，$p_I > 0_n$，$p_a > 0$，$\pi > 0$ 蕴含着式（11）。 （证毕）

当然，对于两个以上的 j，即使 $\lambda_j = 0$，此定理同样成立。[5]

依照马克思的解释，此定理揭示了，正的级差地租根本上依赖于经济的可获利润性，见式（11）：若不存在利润，就不存在资本主义的级差地租。正如价值和剩余价值理论中所确认的：正的利润意味着对工人的剥削，所以资本家阶级和地主阶级在剥削工人方面有着共同的利益。

以下的分析将仅限于包含级差地租的均衡情况。设：

$$\exists k : \rho[M^*(k)] < 1 \tag{A.4}$$

$$\exists i,j : \rho[M^*(i)] \neq \rho[M^*(j)], i \neq j \tag{A.5}$$

3. 我们再来看一下其他形式的地租率。令：

$$o_j : 单位产出的地租率$$
$$\kappa_j : 实物地租率$$

单位产出的地租率定义为总地租除以产出量：

$$o_j = \frac{R_j H_j}{X_j} \tag{14}$$

而实物地租率表达为总地租除以总产出金额：

$$\kappa_j = \frac{R_j H_j}{p_a X_j} \tag{15}$$

显然，可得：

$$\kappa_j p_a = o_j \tag{16}$$

关于 λ_j、o_j、κ_j 之间的关系，有以下命题。

命题 2 λ_j、o_j、κ_j 各自的排列顺序是一致的：$\lambda_j > \lambda_i \Leftrightarrow o_j > o_i \Leftrightarrow \kappa_j > \kappa_i$，$i \neq j$。

证明：

由式（16）可知第二个等价关系成立；而由式（2），可得：

$$p_a = p_a^{(j)} + \kappa_j$$

由此，根据命题 2 可知，第一个等价关系也是成立的。　　（证毕）

所以，此命题可以确认，地租率的排列顺序是基础性的。

4. 下面我们来介绍一些必要的术语。

若资本能够通过耕作某种土地而获得平均利润，则称这种土地是可竞争的，若这种土地实际发生了耕作，则称为竞争的。决定谷物价格的土地，即可耕种但没有产生地租的土地，称为边际土地，边际土地上采用的技术称为边际技术。可产生地租的土地称作可获地租的。可获地租的土地同时也是可竞争的。

下面我们来考虑边际土地被替代时利润率是如何变化的。

假设边际土地 j 因为某种原因被边际土地 k 所替代。这种替代无论是按递增的顺序，还是按递减的顺序都可以。若是按递增的顺序，就不会再继续耕种土地 j 了，因为在现有的实际工资率下，土地 j 没有土地 k 肥沃；若按递减的顺序，土地 j 是可获地租的，也是可竞争的。

在替代的前后，以下的两个方程体系成立：

$$(p_I, p_a) = (1 + \pi)(p_I, p_a)M^*(j) \tag{17}$$

$$(\bar{p}_I, \bar{p}_a) = (1 + \bar{\pi})(\bar{p}_I, \bar{p}_a)M^*(k) \tag{18}$$

定理 II　按照递增（递减）顺序替代边际土地，会提高（降低）利润率。亦即，若：

$$p_a X_k < (1 + \pi)(p_I K^k + p_a Q_k + \omega L_k) \tag{19}$$

则有 $\pi > \overline{\pi}$。

证明：

根据式（17）和式（19），可得：

$$(p_{\mathrm{I}},p_{\mathrm{a}}) < (1+\pi)(p_{\mathrm{I}},p_{\mathrm{a}})M^*(k)$$

由此，有：

$$\frac{1}{1+\pi} < \rho[M^*(k)]$$

从而，$\overline{\pi} < \pi$（参照引理5）。 （证毕）

然而，这里需要注意的是，没有涉及任何关于价格的变化。[6]

下面我们来考虑一下地租总额是如何随着耕地面积的增加而变化的。令：

R:地租总额
ζ:平均地租率
μ:每英亩的平均地租率
K_j:土地 j 的资本投入量
K:总农业资本

其中，有：

$$K_j = p_{\mathrm{I}}K^j + p_{\mathrm{a}}Q_j + \omega L_j$$
$$K = \sum K_j$$

地租总额定义为：

$$R = \sum R_j H_j = p_{\mathrm{a}}X - (1+\pi)K \tag{20}$$

平均地租率可定义为地租总额除以农业总资本:[7]

$$\zeta = \frac{R}{K} = p_{\mathrm{a}}\frac{X}{K} - (1+\pi) \tag{21}$$

而且，每英亩的平均地租率取决于：

$$\mu = \frac{R}{H} = p_a \frac{X}{H} - (1 + \pi) \frac{K}{H} \tag{22}$$

假设投入－产出比保持不变，即使耕地面积扩大，以下比例也是不变的：

$$X_j : K_1^j : K_2^j : \cdots : K_n^j : Q_j : L_j : H_j$$

因此可以写成：

$$\varepsilon_j^1 = \frac{X_j}{K_j}, \varepsilon_j^2 = \frac{X_j}{H_j}, \varepsilon_j^3 = \frac{K_j}{H_j} \tag{23}$$

由此可得以下命题。

命题 3 假设没有边际土地的替代，则有：

（ i ） $\lambda_j > 0 \Rightarrow \dfrac{\partial R}{\partial K_j} > 0$；

（ ii ） $\dfrac{\partial \zeta}{\partial K_j} > 0 \Leftrightarrow \varepsilon_j^1 > \dfrac{X}{K}$；

（ iii ） $\dfrac{\partial \mu}{\partial H_j} > 0 \Leftrightarrow \varepsilon_j^2 < (\ >\ ) \dfrac{X}{H}$ 和 $\dfrac{p_a}{1 + \pi} > (\ <\ ) \dfrac{\varepsilon_j^3 - \dfrac{K}{H}}{\varepsilon_j^2 - \dfrac{X}{H}}$。

证明：

（ i ） 由式（20），可得：

$$\frac{\partial R}{\partial K_j} = p_a \varepsilon_j^1 - (1 + \pi)$$

因为存在一个均衡满足式（2）～式（6）以及式（10），则有：

$$p_a X_j > (1 + \pi) K_j$$

所以 $p_a \varepsilon_j^1 > 1 + \pi$，即 $\dfrac{\partial R}{\partial K_j} > 0$。

（ii）（iii）同理可得结论：

$$\frac{\partial \zeta}{\partial K_j} = p_a \frac{\dfrac{\partial X_j}{\partial K_j} K - X}{(K)^2} = \frac{p_a}{K} \left(\varepsilon_j^1 - \frac{X}{K} \right)$$

$$\frac{\partial \mu}{\partial H_j} = \frac{p_a}{H} \left(\varepsilon_j^2 - \frac{K}{H} \right) - \frac{1 + \pi}{H} \left(\varepsilon_j^1 - \frac{K}{H} \right) \qquad （证毕）$$

第一个结论即命题 3（i）的含义是，若谷物的生产扩大到可获地租和竞争的土地上，则地租总额会增加。第二个结论即命题 3（ii）的含义是，若土地 j 的资本 - 产出比大于平均资本 - 产出比，则增大土地 j 的耕种面积会增加地租总额。第三个结论即命题 3（iii）也能如此理解。

概括地说，如果肥沃程度在平均水平以上的土地 j 的耕作面积增加，则地租总额和平均地租率会增加。这论证了马克思的一个结论（《资本论》第三卷，第 751～752 页）：

　　在谷物价格由于不提供地租的最坏土地的产量不变而不变时，在各级耕地肥力的差额不变时……第一，地租总额总是随着耕地面积的扩大，因而也随着投资量的增加而增加，如果耕地的全部增加只限于无租的土地，则是例外；第二……把耕地的增加只限于无租的土地 A 这种情况撇开不说，我们会发现，每英亩的平均地租和按农业投资计算的平均地租率，都取决于各级土地在总耕地面积中所占的比例部分……尽管地租总额会随着耕地的扩大、投资的增加而增加，甚至显著增加，但只要不提供地租和只提供少量级差地租的土地，比提供地租较多的较好土地扩大得快，每英亩的平均地租和按资本计算的平均地租率就会降低。相反地，要是较好土地在总耕地面积中相对地占有较大的部分，因而在它们上面的投资相对地较多，每英亩的平均地租和按资本计算的平均地租率就会相应地提高。

5. 下面我们来考虑耕作面积按递增或递减顺序进行扩充的情况。

假设土地的肥沃程度的排列顺序是土地 1，土地 2，…，土地 s：$\lambda_1 > \lambda_2 > \cdots > \lambda_s$。每种土地的可耕种面积为 H_j。按如下形式扩充耕地面积：在递增顺序的情况下，土地 j 的最后一英亩地耕完后，开始耕作土地 $j+1$ 的第一英亩地，按这样从土地 1 的第一英亩一直耕种到土地 s 的最后一英亩；而在递减顺序的情况下，耕作完土地 $j+1$ 的最后一英亩后，开始耕作土地 j 的第一英亩地，按这样从土地 s 的第一英亩一直耕种到土地 1 的最后一英亩。

作为命题 3 的推论，可得以下命题。

命题 4 （i）$\lambda_j = 0 \Rightarrow \dfrac{\partial \zeta}{\partial K_j} < 0$；$\lambda_j = \max \lambda_{\mathrm{I}} \Rightarrow \dfrac{\partial \zeta}{\partial K_j} > 0$。

（ii）$\lambda_j = 0 \Rightarrow \dfrac{\partial^2 \zeta}{\partial K_j^2} > 0$；$\lambda_j = \max \lambda_{\mathrm{I}} \Rightarrow \dfrac{\partial^2 \zeta}{\partial K_j^2} < 0$。

证明：

（i）易证。

（ii）由数学变换，可得：

$$\frac{\partial^2 \zeta}{\partial K_j^2} = -\frac{2p_a}{(K)^2}\left(\varepsilon_j^1 - \frac{X}{K}\right) = -\frac{\partial \zeta}{\partial K_j} \cdot \frac{2}{K} \qquad \text{（证毕）}$$

我们先来考虑递增顺序的情况。在耕作土地 1 时，不产生地租。一旦土地 2 开始耕作，地租便产生了，且随着耕地的扩张，地租总额和平均地租率都会增加。由于没有发生边际土地的替代，所以可以用同一价格来衡量资本量，我们可依此绘出图 6-1。

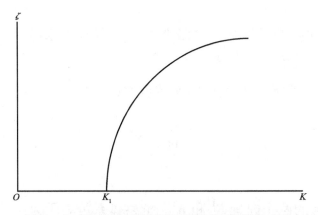

图 6-1　递增顺序情况下平均地租率的变化

在递减顺序情况下，耕地的扩张总是在边际土地上。因此，随着边际土地的替代，价格也随之变化：只有在某种土地的扩张范围内，才能描绘出 ζ 的变化。图 6-2 表示了这种情况下 ζ 的变化轨迹。

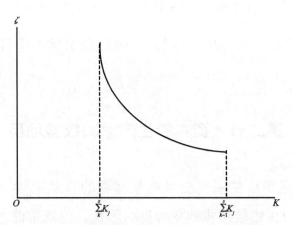

图 6-2　递减顺序情况下平均地租率的变化

注：土地 k 为边际土地。

须指出的是，由命题 4（ii）可了解这两个曲线斜率的一些性质。注意，图 6 - 1 是斜率下降的上升曲线，而图 6 - 2 是斜率上升的下降曲线。

6. 在此我们可确认一个经典命题，即资本家阶级和地主阶级之间的对抗关系。

命题 5　利润率是地租的递减函数：

$$\frac{\mathrm{d}\pi}{\mathrm{d}R_j} < 0$$

证明：

取地租的两个向量 R^1 和 R^2，价格体系可表示为：

$$p^i = (1 + \pi_i)p^i M + R^i H$$

其中，$i = 1，2$。

假设 $R^1 \geqslant R^2$，则有：

$$p^1 = (1 + \pi_1)p^1 M + R^1 H \geqslant (1 + \pi_1)p^1 M + R^2 H$$

由假设（A.3）可知，M 不可约[①]，因此由引理 5 即可得出：$\pi_2 > \pi_1$。　　　　　　　　　　　　　　　　　　　　（证毕）

第二节　资本的生产率和级差地租

1. 耕地迟早会扩张到受可耕作面积的自然限制，因此，农业资本的累积应由粗放形式转变为集约形式。也就是说，资本积累的

---

① 原文如此，疑为笔误。——译者注

形式应当是向同一土地追加投入更多的资本。这才是农业资本积累的基本形式。

资本积累过程中资本的生产率会发生变化，因此额外追加的每一单位资本，都会产生不等的地租。这种不等的地租被马克思称为级差地租的第二形式。

分析级差地租的第二形式是以级差地租的第一形式为基础的：边际土地决定了谷物的生产价格这一原理依然适用。

下面我们引入一些符号。关于土地 j，有：

$K^j(i)$　$n \times 1$：第 i 次工业资本品的追加投资

$Q_j(i)$：第 i 次谷物的追加投资

$L_j(i)$：第 i 次追加劳动消耗

$X_j(i)$：第 i 次产出量增加

$\lambda_j(i)$：第 i 次超额利润率增加

$R_j(i)$：第 i 次地租率增加

$K_j(i)$：第 i 次资本增加

显然，可有：

$$K^j = \sum_i K^j(i), Q_j = \sum_i Q_j(i), L_j = \sum_i L_j(i), X_j = \sum_i X_j(i), R_j = \sum_i R_j(i)$$

$$(24)$$

因为追加投资产生的追加超额利润将转化为追加地租，故可知：

$$R_j(i)H_j = \lambda_j(i)[p_I K^j(i) + p_a Q_j(i) + \omega L_j(i)] \tag{25}$$

且，根据：

$$R_j H_j = \lambda_j(p_I K^j + p_a Q_j + \omega L_j) \tag{7'}$$

可得出：

$$\lambda_j = \frac{\sum_i \lambda_j(i) K_j(i)}{K_j} \qquad (26)$$

也就是说,超额利润率是追加超额利润率的加权平均。

马克思定义的级差地租第二形式如下。

定义 3 (级差地租的第二形式)在同一土地上连续追加投资等量的资本而产生的结果差异称为级差地租的第二形式。

令:

$$R_j^*(i):级差地租的第二形式$$

且可将其表达为:

$$R_j^*(k) = \frac{\sum_1^k \lambda_j(i) K_j(i) - \sum_1^{k-1} \lambda_j(i) K_j(i)}{\sum_1^k K_j(i) - \sum_1^{k-1} K_j(i)} \qquad (27)$$

由此即可得出以下命题。

命题 6 $R_j^*(k) = \lambda_j(k)$。

也就是说,级差地租的第二形式表示由于追加投资而引起的级差地租第一形式的变化。它涉及变化率或边际地租率的概念。因此,分析级差地租的第二形式,其实就是分析级差地租的第一形式的变化,而这一变化是由追加投资引起的资本生产率的变化导致的。

为描述资本生产率的变化,我们考虑以下三个常见的情况,即规模收益不变、规模收益递增和规模收益递减,分别记为 c. r. s.、i. r. s. 和 d. r. s. 。[8]

生产函数可表示为:

$$X_j = f_j('K^j, Q_j, L_j)$$

假设满足以下条件：

$$f_j \text{ 为可偏微的}, \frac{\partial f_j}{\partial L_j} > 0 \text{ 且 } f_j \geqq 0 \qquad (\text{A.}6)$$

$${}^t K^j : Q_j : L_j \text{ 不变} \qquad (\text{A.}7)$$

需要注意的是，资本生产率的变化反映了资本的积累。

现在，我们可得出以下命题。

命题 7　假设没有边际土地的替代，且 $\lambda_j \neq 0$。那么，有：

（i）若 f_j 是 c. r. s.，则 λ_j 不变；

（ii）若 f_j 是 d. r. s.（i. r. s.），则 $\dfrac{\partial \lambda_j}{\partial K_j} < (>) \, 0$；

（iii）$\dfrac{\partial p_a^{(j)}}{\partial K_j} \simeq -\dfrac{\partial \lambda_j}{\partial K_j}$。

证明：

（i）与（ii）由式（1）可得：

$$K_j \frac{\partial \lambda_j}{\partial K_j} = p_a \left(\frac{\partial X_j}{\partial K_j} - \frac{X_j}{K_j} \right)$$

因此，由引理 8 即可得出结论。

（iii）同样，可得：

$$\frac{\partial p_a}{\partial K_j} = -\frac{1}{1+\pi} \frac{\partial \lambda_j}{\partial K_j} \qquad (\text{证毕})$$

由此命题可知，在资本积累的过程中，资本生产率的提高（降低）会提高（降低）超额利润率即地租率。显而易见，个别生产价格的变动与地租率的变化是相反的。

边际土地决定谷物的生产价格，那么投入边际土地的资本的生产率的变化又是如何影响利润率的呢？以下命题就涉及此问题。

命题 8 令 $\lambda_j = 0$。则有：

（i）若 f_j 是 c. r. s.，则 π、p_I 和 p_a 不变；

（ii）若 f_j 是 d. r. s.（i. r. s.），则 π 减少（增加）。

证明：

因为：

$$\frac{\partial\,(K^j/X_j)}{\partial\,X_j} = \frac{1}{X_j}\Big(\frac{\partial\,K^j}{\partial\,X_j} - \frac{K^j}{X_j}\Big)$$

根据 f_j 是 d. r. s.、c. r. s.，还是 i. r. s.，有：

$$\frac{\partial\,A^*\,(j)}{\partial\,X_j} \gtreqless 0$$

亦即：

$$\frac{\partial\,\pi}{\partial\,X_j} \gtreqless 0$$

此外，如果 f_j 是 c. r. s.，那么 p_I 和 p_a 不会有任何变化。　　（证毕）

也就是说，如果边际土地的资本生产率保持不变，生产价格体系就不会改变。资本生产率提高（降低），利润率就会提高（降低）。但是请注意，在这种情况下无法确定相对价格的变化。

关于地租总额，有以下命题成立。

命题 9 假设边际土地（土地 k）不发生替代，且 f_k 是 c. r. s.。若 f_j（$j \neq k$）是 c. r. s. 或 i. r. s.，则有

$$\frac{\partial\,R_j}{\partial\,K_j} > 0$$

证明：

由上述假设可知，p_I、p_a 和 π 是不变的。根据式（3），可得：

$$R_j H_j = p_a X_j - (1 + \pi) K_j > 0$$

于是，若 f_j 是 c. r. s. 和 i. r. s.，则有：

$$H_j \frac{\partial R_j}{\partial X_j} = p_a \frac{\partial X_j}{\partial X_j} - (1 + \pi) \geqq p_a \frac{X_j}{K_j} - (1 + \pi) > 0$$

根据引理 18，即可得出结论。 （证毕）

因此，如果生产价格体系不变，只要投资在可获地租土地上的资本的生产率不是 d. r. s.，那么地租会随着资本的积累而增加。

资本的积累会引起资本生产率的变化，从而致使土地肥沃程度的排列顺序及生产价格体系发生变化。但是，一旦边际土地被替代，则难以确定相对价格的变化。

2. 假设各种土地都被划分为几块，投入生产率不等、数量不同的资本于其中：生产函数为 f_j 的土地 j 被分割为 m_j 个地块。

关于土地 j 上的第 α 个地块，有：

$$H_{j,\alpha}：面积$$
$$K^{j,\alpha} \quad n \times 1：工业品投入向量$$
$$Q_{j,\alpha}：谷物投入量$$
$$L_{j,\alpha}：劳动投入量$$
$$X_{j,\alpha}：谷物产出量$$

生产价格体系可表示为：

$$p_{\mathrm{I}} = (1 + \pi)p_{\mathrm{I}}A + p_{\mathrm{a}}d + \omega a_0$$

$$p_{\mathrm{a}}X_{j,\alpha} = (1 + \pi)(p_{\mathrm{I}}K^{j,\alpha} + p_{\mathrm{a}}Q_{j,\alpha} + \omega L_{j,\alpha}) + R_j H_{j,\alpha} \qquad (28)$$

$$\sum_j \sum_\alpha X_{j,a} = X$$

其中，$j \in \{1, 2, \cdots, s\}$，$\alpha \in \{1, 2, \cdots, m_j\}$。

方程体系（28）中有 $n + 3 + \sum_1^s m_j$ 个等式和 $n + 3 + s + \sum_1^s m_j$ 个未知变量。如前假设，农业资本家的生产计划和实际工资率是给定的，那么式（28c）即为多余。于是，生产价格、利润率和地租均作为实际工资率的函数被决定。

以下命题涉及均衡成立的必要条件。

命题 10 若式（4）、式（6）和式（28）构成的方程体系存在均衡，则有：

$$\frac{X_{j,\alpha}}{H_{j,\alpha}} = \frac{X_{j,\beta}}{H_{j,\beta}}$$

$$\frac{K^{j,\alpha}}{H_{j,\alpha}} = \frac{K^{j,\beta}}{H_{j,\beta}}$$

$$\frac{Q_{j,\alpha}}{H_{j,\alpha}} = \frac{Q_{j,\beta}}{H_{j,\beta}} \qquad (29)$$

$$\frac{L_{j,\alpha}}{H_{j,\alpha}} = \frac{L_{j,\beta}}{H_{j,\beta}}$$

其中，$\alpha \neq \beta$。

证明：

因为在同一种土地上，每个地块的单位地租是相等的，故而有：

$$\frac{p_{\mathrm{a}}}{1 + \pi}\left(\frac{X_{j,\alpha}}{H_{j,\alpha}} - \frac{X_{j,\beta}}{H_{j,\beta}}\right) = \frac{K_{j,\beta}}{H_{j,\beta}} - \frac{K_{j,\alpha}}{H_{j,\alpha}} \qquad (30)$$

其中，$\alpha, \beta \in \{1, 2, \cdots, m_j\}$，$\alpha \neq \beta$。

若式（30）两边都不为零，由 $p_a > 0$ 且 $\pi > 0$ 可得：

$$\left(\frac{X_{j,\alpha}}{H_{j,\alpha}} - \frac{X_{j,\beta}}{H_{j,\beta}} \right)\left(\frac{K_{j,\beta}}{H_{j,\beta}} - \frac{K_{j,\alpha}}{H_{j,\alpha}} \right) > 0$$

故而可得：

$$f_j({}^t K^{j,\alpha}, Q_{j,\alpha}, L_{j,\alpha}) > f_j({}^t K^{j,\alpha}, Q_{j,\alpha}, L_{j,\alpha})$$

这是自相矛盾的。

由此可知，式（30）两边都等于零。　　　　　　　　（证毕）

此命题说明，若要建立均衡，那么同种土地上每个地块每英亩的各种投入量应当是相等的：租用同种土地的农业资本家们将采用相同的生产计划，使得他们投在单位英亩土地上的资本和劳动量彼此相同。

因此，从长期的角度来看，级差地租的第二形式不会一直存在。如式（4）、式（6）和式（28）所构成的体系所描述，同种土地有相同的单位英亩地租，由此，级差地租的第二形式成为一种导致非均衡的因素。马克思指出，由于投入资本的生产率不同，一小块边际土地也能产生地租，但这只是暂时的。与边际土地按递减顺序替代时的效应相同，此时利润率会降低：若投资在一小块边际土地上的资本生产率降低，则这些资本将被撤回并再投资到其他地方。

然而，长期均衡的建立依赖资本家和地主阶级间的契约内容，依赖寻求利润率最大化的资本家间的联合，还依赖资本的可分性。

第三节　一个简单的例子

1. 我们来考虑一下 $n = 1$ 的特殊情况。于是，由式（2）～式（6）所构体系中的所有系数均为标量，令土地 1 是边际土地。

这种情况的生产价格体系可表达为：

$$p_{\mathrm{I}} = (1 + \pi)(p_{\mathrm{I}}A + p_{\mathrm{a}}d + \omega a_0)$$
$$p_{\mathrm{a}}X_j = (1 + \pi)(p_{\mathrm{I}}K^j + p_{\mathrm{a}}Q_j + \omega L_j) + R_j H_j$$
$$R_1 = 0 \qquad (31)$$
$$p_{\mathrm{a}} = 1$$
$$\omega = p_{\mathrm{I}}F_1 + p_{\mathrm{a}}F_2$$

由于 p_{I} 是标量，故可通过分配关系来讨论相对价格的变化。

假设边际土地 1 按递增顺序由土地 2 替代，$\bar{p}_{\mathrm{I}}$、$\bar{p}_{\mathrm{a}}$、$\bar{\pi}$ 和 $\bar{\omega}$ 分别代表替代后的价格、利润率和工资率。无损一般性地，可令：

$$X_1 = X_2 = 1$$

替代后的生产价格体系变为：

$$\bar{p}_{\mathrm{I}} = (1 + \bar{\pi})(\bar{p}_{\mathrm{I}}A + \bar{p}_{\mathrm{a}}d + \bar{\omega}a_0)$$
$$\bar{p}_{\mathrm{a}} = (1 + \bar{\pi})(\bar{p}_{\mathrm{I}}K^2 + \bar{p}_{\mathrm{a}}Q_2 + \bar{\omega}L_2) \qquad (32)$$

由此可得以下命题。

命题 11　按递增顺序替代边际土地，会提高工业品的相对价格。

证明：

对于替代前后的边际土地，可有：

$$p_{\mathrm{I}} = (1 + \pi)[p_{\mathrm{I}}(A + a_0 F_1) + p_{\mathrm{a}}(d + a_0 F_2)]$$
$$\bar{p}_{\mathrm{I}} = (1 + \bar{\pi})[\bar{p}_{\mathrm{I}}(A + a_0 F_1) + \bar{p}_{\mathrm{a}}(d + a_0 F_2)]$$

由定理 II，即可得出：

$$\frac{\bar{p}_{\mathrm{I}}}{p_{\mathrm{I}}} > \frac{\bar{p}_{\mathrm{I}}(A + a_0 \bar{F}_1) + \bar{p}_{\mathrm{a}}(d + a_0 F_2)}{p_{\mathrm{I}}(A + a_0 F_1) + p_{\mathrm{a}}(d + a_0 F_2)}$$

由此可得 $\bar{p}_{\mathrm{I}} > p_{\mathrm{I}}$，其中 $p_{\mathrm{a}} = \bar{p}_{\mathrm{a}} = 1$。 　　　　　（证毕）

即可得出以下推论。

推论　按递减顺序替代边际土地，会降低工业品的相对价格。

2. 下面来考虑土地 1 不可替代，但其中投入资本的生产率是 i. r. s. 的情况。

在谷物总产出量保持不变的情况下，假设资本从其他土地撤出再投入土地 1。[10] 同时假设实物资本的总量保持不变。于是，可应用比较静态分析。

现在有：

$$M^*(1) = \begin{pmatrix} A + a_0 F_1 & (K^1 + L_1 F_1)/X_1 \\ d + a_0 F_2 & (Q_1 + L_1 F_2)/X_1 \end{pmatrix}$$

且随着 X_1 的增加，K^1、Q_1 和 L_1 将相对减少。因为资本连续转移到土地 1，$M^*(1)$ 的第二列元素亦连续变化，所以利润率和工业品的相对价格会连续上升。

令：

$$K = p_1 K^a + p_a Q + \omega L$$

其中，$K^a = \sum K_j$、$Q = \sum Q_j$、$L = \sum L_j$、$X = \sum X_j$。

于是，可得如下命题。

命题 12　假设 $p_a = 1$，则有 $\dfrac{\mathrm{d}\zeta}{\mathrm{d}\pi} < 0$。

证明：

由 $\dfrac{\mathrm{d}p_1}{\mathrm{d}\pi} > 0$ 和 $\dfrac{\mathrm{d}\omega}{\mathrm{d}\pi} > 0$，可得：

$$\frac{\mathrm{d}K}{\mathrm{d}\pi} > 0$$

因此，有：

$$\frac{\mathrm{d}\zeta}{\mathrm{d}\pi} = - p_a \frac{X}{(K^2)} \frac{\mathrm{d}K}{\mathrm{d}\pi} - 1 < 0 \qquad （证毕）$$

由此可知，利润率和平均地租率处于对立关系。这意味着资本家和地主阶级之间存在冲突。此外，可以看出工资率随着利润率的上升而上升。这说明，若工业品的相对价格增长，则实际工资率将上升：实际工资率不会与利润率反向变化。这也许解释了英国在资本主义前期，曾出现资本家和工人阶级联合起来对抗地主阶级的情况。

无论如何，应该注意的是，上述命题与价格标准的选定有关：若将 p_I 或 ω 当作价格标准，则这种对抗关系就不会出现。因此，总体而言，这三大阶级之间的关系是非常复杂的。

第四节　总结

1. 至此，我们讨论了农业部门仅生产一种商品时的级差地租问题。作为总结，我们对进一步一般化和价值理论做一些评论。

首先，我们可以考虑扩展到包括两种以上农产品。

假设农业部门生产 r 种农产品。关于土地 j 上的农产品 i，可记为：

$$K_i^j \quad n \times 1 : 工业品的投入向量$$
$$Q_i^j \quad r \times 1 : 农产品的投入向量$$
$$L_{j,i} : 劳动投入$$
$$X_{j,i} : 产出量$$
$$H_{j,i} : 耕地面积（英亩）$$
$$D \quad r \times n : 工业部门中的农产品的投入矩阵$$

p_{II}　$1 \times r$:农产品的价格向量

生产价格体系可表示为:

$$p_{\text{I}} = (1 + \pi)(p_{\text{I}}A + p_{\text{II}}D + \omega a_0)$$

$$(p_{\text{II}})_i X_{j,i} = (1 + \pi)(p_{\text{I}}K_i^j + p_{\text{II}}Q_i^j + \omega L_{j,i}) + R_j H_{j,i}$$

$$R_1 R_2 \cdots R_s = 0 \tag{33}$$

$$\sum_j X_{j,i} = X_i$$

$$(p_{\text{II}})r = 1$$

其中, $i \in \{1, 2, \cdots, r\}$, $j \in \{1, 2, \cdots, s\}$, 且

$$X_{j,i} = f_{j,i}(\,{}^t K_i^j,\,{}^t Q_i^j, L_{j,i})$$

此体系中的未知变量为 p_{I}、p_{II}、$X_{j,i}$、R_j、ω 和 π, 一共有 $n + r + s + rs + 2$ 个, 而方程的个数是 $n + r + rs + 2$ 个。因此, 即使农业资本家的生产计划 $X_{j,i}$ 是已知的, 上述方程体系 (33) 也不一定有唯一解。

在这个方程体系中, 反而应该将单位英亩的地租视为已知。于是, 体系 (33) 决定了价格、利润率和作为实际工资率函数的生产计划。这种解释并不与地租是超额利润以及边际土地决定农产品价格的事实相矛盾。

类似的一般化亦可适用于冯·诺伊曼经济。假设在农业部门中, 工业品和农产品投入以及劳动投入均为规模收益不变的, 则生产价格体系可描述为:

$$pB^a = (1 + \pi)(pA^a + \omega L^a) + RH^a \tag{34}$$

以及式 (33c) 和式 (33e), 其中:

$A \quad m \times q$：经济的投入矩阵

$B \quad m \times q$：经济的产出矩阵

$R \quad 1 \times s$：单位英亩的地租向量

$H \quad s \times q$：土地的投入矩阵

其中 $m = n + r$，q 为经济的生产过程的数量，A^a、B^a、L^a、H^a 分别对应于现行的生产过程。

可以看到，如果将冯·诺伊曼的理论应用于式（34），同时体系（A，B，L）的有保证的利润率为正值，则对于一个给定的 $\omega > 0$ 和 $R \geqslant 0_s$，存在均衡 $p \geqslant 0_m$，$\pi > 0$。正如第四章所述，满足这一条件需要剩余劳动率为正，因此地主阶级和资本家阶级同样都依赖对工人阶级的剥削。

显而易见，由式（34）描述的体系中利润率与 R 的每个元素都是相反关系。这也说明了资本家阶级和地主阶级之间的对抗关系。

须注意的是，这些一般化不会给级差地租理论带来任何困难。

2. 可以看到，至此所讨论的级差地租理论并不直接依赖价值概念。当马克思基本定理确保正值利润率成为可能时，级差地租理论就能在生产价格理论中找到依据。

马克思本人认为，能产生地租的技术同边际技术相比，前者生产出来的谷物的价值要小于后者的价值，并称二者的背离为"虚假的社会价值"——之所以说虚假，是因为马克思认为，能产生地租的技术所生产的谷物和由边际技术生产的谷物具有相同的价值。于是，马克思尝试着建立地租的价值基础。

但是，由边际技术生产的谷物的价值是大于还是小于由能产生地租的技术所生产的谷物的价值，这一点并不确定：总之，谷物的个别价值的排列顺序不同于个别价格的排列顺序。因此，通过虚假的社会价值来解释地租是不正确的。而且，这样做也是不必要的：因为地租是资本家让渡给地主的一部分利润。

然而，这并不会给价值理论带来任何的难点。价值并不依赖于所有权的形式，但生产价格体系依赖，故而二者是有差异的。不论是土地还是资本，价值概念都不会受到所有权的具体形式的影响：无论是用等式还是用不等式表达，价值体系都不会发生任何改变。

显然，该价值体系哪怕运用到第一节讨论的体系中去，也是可行的。由于包含农业部门使用的不同技术，所以此价值体系同样也是最优价值体系。而且，也很容易看出，由式（2）～式（6）和式（10）表示的该体系中的利润率即为此体系的有保证的利润率。

有一个事实还需要再强调一下，即地租和利润之间的关系是剩余价值在资本家阶级和地主阶级间的再分配，因此，这与剩余价值的创造并无关系。在这两个阶级互相对立的过程中，利润率将下降，因此地租就变成了资本积累的障碍。

结　语

作为总结，在此我们做如下综述。

从第一章到第五章，我们讨论了马克思的价值理论。必须强调的是，价值理论不是价格理论，而是价格理论的基础。

第一章指出了市场本身并不能解释市场中存在正利润的可能性。如果存在一个生产价格体系而且其利润率为正，那么就确保了这种可能性。不仅如此，正的剩余率确保了这样一个生产价格体系的存在。需要强调的是，虽然我们是通过等价关系来进行论证的，但能用非市场的方式解释市场基础的是马克思的价值理论，其核心就是所谓的马克思基本定理。须注意的是，即使是拥有正利润的生产价格体系，其存在也不取决于市场。

马克思价值理论的超史性特点已经受到广泛关注，但这里值得再提一次，因为马克思基本定理用更本质的东西解释了利润：用资本主义的内容来解释资本主义毫无意义。由此，剥削的基础就暴露出来了。

为了追求精确的微观价值基础而把复杂的概念导入价格体系中是不必要的。正如剩余劳动率的定义，马克思基本定理是宏观的而非微观的，而第六章中论及的地租和虚假社会价值等扩展概念，也没有微观的价值基础。

　　像技术选择、动态等这样更加深入的问题，显然超越了价值理论的范畴。这个论题我们将另行讨论。

脚　注

导　言

1）产品、生产物、商品等术语在本书中均为相同概念。

第一章

1）由于生产的投入应该在产出之前，故而在投入和产出之间存在时滞。若各期的产出水平不同，则很难计算真正的投入。因此，在此定义中，Ax 的量可视为等同于产出 x 所需的必要的投入，这样一来由 x 代表的经济状态就会重复。这意味着需要在计算净产品之前预先假设某种稳定的状态。

2）假设（A.3）在关于里昂惕夫经济的讨论中起着重要的作用。至于劳动的不可或缺，将在本章做假设（A.2）。

3）亦可认为较强意义的可再生产性条件为：对于 $\forall s > 0^n$，$\exists x \geqq 0^n$，有 $x - Mx = s$。但强可再生产性是由可再生产性决定的。同样，强可获利润性是由可获利润性决定的。

4）马克思将它称为平均利润率。本书视平均利润率等同于均衡利润率，常简称为利润率。

5）生产价格同样等同于长期均衡价格，而且本书常简称为价格。

6）斯拉法从形式上系统地讨论了这种生产价格。要注意的是，为计算利润率，价格的非负性并不是必需的。这是从市场的等价交换中得到的，尤其是工资的支付—— $pF \geq 0$：劳动力和工资是等价交换的。

7）严格地说，这里的成本价格即为成本价值。

8）森岛（Morishima，1974a）指出了方程体系（23）的对偶迭代公式：

$$y^t = \frac{wy^{t-1}}{wMy^{t-1}}My^{t-1}$$

而且说明了从任何起点 $y^0 \in \mathbb{R}_+^n$，都可到达迭代的极限 x^c。

9）令 $A = \frac{1}{4}\begin{pmatrix} 1 & 2 \\ 2 & 1 \end{pmatrix}$，$L = (1,1)$，则有 $w = (4,4)$。对于任意的 $F = \begin{pmatrix} f \\ g \end{pmatrix} \geq 0^2$，两个生产过程的资本有机构成是相等的：实际上，有：

$$wA = (3,3)$$
$$wFL = 4(f+g)(1,1)$$

因此，$\xi = \frac{3}{4}(f+g)$。而显然有：

$$|M| = \begin{vmatrix} \frac{1}{4} + f & \frac{1}{2} + f \\ \frac{1}{2} + g & \frac{1}{4} + g \end{vmatrix} \neq 0$$

10）马克思的陈述可表达为 $\dfrac{\mathrm{d}p_j}{\mathrm{d}w_j} > 0$，在经济上的典型情况是 $p \propto w$。前一种表述没有后一种严密。但前者的问题是，很难找到它具有经济意义的等价条件。这也是后者得到较多讨论的原因。

11）与脚注 1）中关于净产品的论述同理，计算经济增长条件下的剩余产品价值是很难的。但在 t 期末，可有：

$$x_t = M x_{t+1} + U_t$$

其中，U_t 是资本家的消费向量。此外，若 $x_t \propto x_{t+1}$ 成立，也可以表示为：

$$
\begin{aligned}
x_t &= (1 + g) M x_t + U_t \\
&= A x_t + F L x_t + g M x_t + U_t
\end{aligned}
$$

其中，g 代表增长率。因此，净产品可表示为：

$$y_t = x_t - A x_t$$

剩余产品为：

$$s_t = y_t - F L x_t$$

也就是说，在均衡增长的情况下，可在现行技术体系的基础上确定净产品和剩余产品的量。于是生产的时间结构给计算净产品和剩余产品的量带来了困难。

然而，必须注意的是，即使经济处于稳定状态，而且关于技术的所有信息已知，社会体系本身也会掩盖剩余价值。这也就是马克思试图在他的价值理论中说明的问题。

第二章

1）在本书中，固定资本、耐久性资本和固定设备视为相同概念。

2）这种还原的简单例子，可见斯海克（Schaik，1976）的实例。

3）越村信三郎（Koshimura，1967）建立了类似于式（11）的四部门马克思－里昂惕夫经济下的方程，四部门分别为固定资本、非耐久性资本品、工资品和奢侈品。他已指出"真正的"摊销量应该在增长率的基础上计算。

第三章

1）可由森岛（Morishima，1973，p. 183）的式（1'）得出。

2）本章定义的 Pd. C. 要求 $Dx > 0^m$。这同样应用于后面提到的 Pf. C. 和 S. C.。

3）关于广义逆，可参考数学附录。

4）允许不同生产过程存在的里昂惕夫经济称为广义里昂惕夫经济。村田安雄（Murata，1977b）在广义里昂惕夫经济下讨论了马克思价值理论。他将价值定义为某种范数的最小值，应用 Penrose 逆，可近似求解价值方程。Penrose 逆若存在则是唯一的，于是价值可被唯一决定。而价值依据于范数的形式。

5）安乐乡不可能公理意味着生产的主要要素是最基本的，这可以用来理解劳动的不可或缺性。这是一种同义反复，因为在目前的讨论中劳动本身就是生产的第一要素。

由命题 2 可知，$L \geqslant 0_n$ 并不满足劳动的不可或缺性。

6）这是活动分析的"有效点"的扩展。参照库普曼斯（Koopmans，1951，p. 60）。

7）库尔茨（Kurz，1979）试图批判斯蒂德曼的反例。重写斯蒂德曼的价值方程：

$$5w_1 + \ell_1 = 6w_1 + w_2$$
$$10w_1 + \ell_2 = 3w_1 + 12w_2$$

其中 ℓ_1 和 ℓ_2 表示生产率指数。

由此，库尔茨断定存在 ℓ_1 和 ℓ_2 使 w_1 和 w_2 为正。但在他修改的价值方程中，相同的劳动创造不同的价值，因此他的推断似乎有悖于价值法则。

8）盐泽（Shiozawa，1976）证明了类似的定理。

9）若为超定，则式（22）没有意义。因此，即使 $m \leqslant n$，预先假设 rank $H = \min(m,n)$ 也是合理的。若 $n < m$，则式（22）是欠定的：$m - n$ 种商品的价格可被先定。但这不会给我们目前的讨论带来困难。

10）若迭代公式即方程体系（I-23）直接扩展，则有：

$$w^{t+1}B = (1 + \pi^t)w^tM$$
$$1 + \pi^t = \frac{w^tBx}{w^tMx} \tag{23'}$$

即使 rank $B = m$，也有 $BB^- = I$，MB^- 不必为非负。

11）证明过程如下。

重复方程体系（I-23）的操作，可有：

$$w^{t+1} = \pi^0\pi^1\cdots\pi^t wQ^{t+1} \tag{1*}$$

而由命题 12，可知：

$$\pi^t = \frac{wQ^t Hx}{wQ^{t+1} Hx} \qquad (2^*)$$

所以有：

$$\pi^0 \pi^1 \cdots \pi^t = \frac{wHx}{wQ^{t+1} Hx} \qquad (3^*)$$

将式（3^*）代入式（1^*）可得：

$$w^{t+1} = \frac{wHx}{wQ^{t+1} Hx} wQ^{t+1} Hx \qquad (4^*)$$

这里，式（4^*）中的 wQ^t 是下式的解：

$$\xi^{t+1} = \xi^t Q$$

现在，可有：

$$\lim_{t \to \infty} \frac{z_i^t}{\xi_i^t} = \gamma > 0$$

其中 $z^t = wQ^t$，因为 $\xi^t = [\rho(Q)]^t \theta(Q)$（参见引理 6）。

由此，可得出：

$$\lim_{t \to \infty} \pi^t = \lim_{t \to \infty} \frac{z^t Hx}{z^{t+1} Hx} = \lim_{t \to \infty} \frac{G \hat{\xi}^t Hx}{G \hat{\xi}^{t+1} Hx} = \frac{1}{\rho(Q)}$$

其中，$G = (\gamma, \gamma, \cdots, \gamma)$。

同理，可以证明：

$$p^{**} = \lim_{t \to \infty} w^t$$

第四章

1）定义Ⅲ–3 适用于任意的 q，但本章和以下各章中的最优价值在 $y = FLx$ 限制之下。

2）这个名称最初在克劳斯（Krause，1981）中出现。

3）霍兰德（Hollander，1979）列举了 10 个公理，并讨论了剥削尺度的线性问题。而马克思基本定理并不依据于商品价值的线性。最优解虽为非负，但既不唯一，也不是线性的。这可能会导致缺乏可操作性的批评。

4）由森岛定义的无酬劳动率和剩余价值率与式（5）和式（6）有所不同。

令社会中有 N 个工人，假设每天工作 T 小时。即有：

$$TN = Lx$$

令 F^* 表示每人每天的工资品向量。则有：

$$无酬劳动率 = \frac{T - \lambda_{F^*}^0}{\lambda_{F^*}^0}$$

$$剩余价值率 = \frac{\lambda_Y^0 - \lambda_{F^*N}^0}{\lambda_{F^*N}^0}$$

命题 2 对以上定义的无酬劳动率和剩余价值率是有效的。

须注意的是，从其他的意义上来讲，森岛的商品 i 的真正价值作为一个雇佣乘数的扩展有着很重要的意义，因为它是唯一的。

第五章

1）须注意的是，提及"熟练劳动 j"时，$j \neq 1$。同样，对熟练劳动均需要教育和培训。

2）置盐（Okishio，1965）中，将式（2）写为，

$$\gamma = wE + \gamma T + \tau$$

（在目前的标记下）教育部门的资本品的价值成为熟练劳动的价值创造力的一部分。但在此应指出这是不正确的。

这里说明，若考虑专门的培训期间，自我努力的强度会更大。这是因为教育期间的自我努力被集聚在工人 j 上，并在工人 j 开始工作时显现出来。

工人 j 一生中同时在工作和学习的情况，在实际经济中几乎是不可能的，则自我努力的量是完全一致的，只需要令：

$$n_{1j} = n_{2j} = n_j$$

3）下图表明了熟练劳动是自我努力的累积。

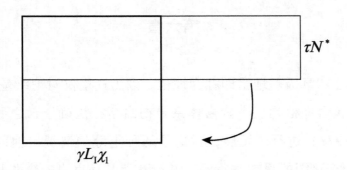

应该注意的是，前面提到的 γ 发挥了特殊运算符的作用。比如，$\tilde{x} - A\tilde{x} = \tilde{y}$，左乘 (w, v, γ) 可得 $\gamma y_{\text{Ⅲ}} = 0$，因为第三领域不进行价值生产。

4）A 中的 (L, T) 没有给定超封闭型体系的劳动矩阵，因为这里的 T 与价值生产无关。

5）令 $m = n = s = 1$，则 LP. Ⅰ 和 LP. Ⅱ 的所有变量和系数都为标量。令 $B = 1$，则有 $\Lambda^0 = \dfrac{L}{(I - A)N^a}$ 和 $\gamma^0 = \dfrac{1}{N^a}$。

6）在封闭型里昂惕夫经济中，可得出较强意义的结果 $\max \mu_j > 0$。

7）我们很容易看出第二节中的 $Lx^a \geqslant 0^s$ 和第三节中的 $N^a > 0^s$ 的假设条件是不同的。因为生产劳动本身有助于价值生产，关于实际雇佣的严格的不等式关系不会出现问题。若 B、A、L 和 F 在本小节中被明确指定，则在命题 10 的证明中出现的生产劳动和非生产劳动的类似差别，可适用于命题 17。

8）克劳斯原本的定理由 "$r \geqslant 0$" 证得。此命题是一个简化版。具体证明可参照克劳斯（Krause，1981）。

9）霍兰德原本的定理在这里是结论（ii）。

第六章

1）在本章级差地租即称为地租，因为这里仅讨论级差地租。

2）包含地租的生产价格体系最初由斯拉法确立，之后库尔茨（Kurz，1978）进行了发展，讨论了两种土地的情况。他的分析主要是按照李嘉图的思想进行的，并没有涉及马克思的命题和均衡的存在。

3）为了明确马克思假设给定谷物需求的含义，在此式（4）给予了明确解释。

4）库尔茨（Kurz，1978）主要关心的问题为，土地肥沃程度的排序会随着实际工资率的变化而变化。马克思亦明言了土地的肥沃程度包括经济条件。

5）地租不会成为谷物生产价格的一部分。

6）马克思在他的数例中，屡次提及了价格的上升或下降，但严格地说，在微观的框架中很难定论。见命题 12。

7）马克思所说的"地租率"在此叫作平均地租率。

8）参见兰卡斯特（Lancaster，1968，p. 131）。

9）若投在肥沃土地的资本的生产率不是 d. r. s.，就可能发生这样的情况。

数学附录

1. 非负矩阵的二次体系（quadratic system）。

令 $A = (a_{ij})$ 为 $n \times n$ 阶的非负矩阵。

引理 1　以下三个条件互等。

（i）$x > 0^n : x > Ax$。

（ii）对于 $\forall y > 0^n, \exists x > 0^n : x = Ax + y$。

（iii）$(I - A)^{-1} \geqq 0$。

（i）和（ii）中的"$>$"可放宽为"$\geqq$"。

令 $\rho \in \mathbb{C}^1$ 和 $\theta \in \mathbb{C}^n$ 满足：

$$(\rho I - A)\theta = 0^n$$

则 ρ 称为 A 的特征值，θ 称为对应于 ρ 的特征向量。因为 ρ 由 $| \rho I - A | = 0$ 得到，所以可写为：

$$\Gamma = \{\rho \mid | \rho I - A | = 0\}$$

引理 2　[（Perron－）Frobenius 定理] 存在特征值 $\rho^* \in \Gamma$ 满足以下特性。

（i）$\rho^* \geqq 0, \theta^* \geqq 0^n : (\rho^* I - A)\theta^* = 0^n$。

（ii）$\dfrac{\mathrm{d}\rho^*}{\mathrm{d}a_{ij}} \geqslant 0$ 。

（iii）对于 $\forall \rho_n \in \Gamma, \rho^* \geqslant |\rho_n|$ 。

（iv）对于 $x \geqslant 0^n$ ，若 $Ax > (<)\mu x$ ，则 $\rho^* > (<)\mu$ 。

（v）$(\mu I - A)^{-1} \geqslant 0$ 当且仅当 $\mu > \rho^*$ 。

上述的 ρ^* 和 θ^* 分别称为 A 的 Frobenius 根和（右）Frobenius 向量。

矩阵 A 不可约，若不存在非奇异矩阵 J 满足：

$$A = J^{-1} \begin{pmatrix} A_1 & * \\ 0 & A_2 \end{pmatrix} J$$

其中，A_1 和 A_2 为方阵。

引理 3 A 可约当且仅当 $\exists \rho \in \mathbb{R}$ ，$x \geqslant$ ，$\not> 0^n : Ax \leqslant \rho x$ 。

引理 4 令 $a \geqslant 0_n$ ，$b \geqslant 0^n$ 。若 A 不可约，则 $A^* = \begin{pmatrix} A & b \\ a & c \end{pmatrix}$ 亦不可约，其中 c 是任意标量。

证明：

假定与之相反的情况，则存在 $\rho \geqslant 0$ 和 $\begin{pmatrix} X \\ x \end{pmatrix} \geqslant$ ，$\not> 0^n$ ，$x \geqslant 0$ 满足：

$$AX + xb \leqslant \rho X \; ; \; aX + cx \leqslant \rho x \qquad\qquad (*)$$

若 $x > 0$ ，则由假定可知 $\exists i : X_i = 0$ ，但 $X = 0^n$ ，因为 $X = 0^n$ 意味着（*a）中的 $bx \leqslant 0^n$ ，这是不可能的。因此，$X \geqslant$ ，$\not> 0^n$ 。由（*a）中的 $AX \leqslant \rho X$ 可知，A 是可约的。

同样，若 $x = 0$ ，则由假定可知 $X \geqslant 0^n$ ，但 $X \not> 0^n$ ，因为在

（∗b）中，对于 $\forall i : a_i > 0$ ，有 $X_i = 0$ 。因此， A 是可约的。

（证毕）

引理 5 令 A 不可约。存在特征值 $\rho^* \in \Gamma$ 满足以下特性。

（ i ） $\rho^* > 0, \theta^* > 0^n : (\rho^* I - A) \theta^* = 0^n$ 。

（ ii ） $\dfrac{\mathrm{d}\rho^*}{\mathrm{d}a_{ij}} > 0$ 。

（ iii ） 对于 $\forall \rho_n \in \Gamma : \rho_n = \rho^*, \rho^* > | \rho_n |$ 。

（ iv ） 对于 $x \geq 0^n$ ， $Ax > (<)\mu x$ 意味着 $\rho^* > (<)\mu$ 。

（ v ） $(\mu I - A)^{-1} > 0$ 当且仅当 $\mu > \rho^*$ 。

非负不可约矩阵 A 是稳定的，若 $\rho^* > 0$ ，且

$$\lim_{t \to \infty} \frac{A^t}{(\rho^*)^t} = A^*$$

是有限的。

引理 6 令 A 是稳定的，则 A^* 的每一列（行）是 A 的正列（行）特征向量，均对应 ρ^* 。

此引理可应用于如下齐次体系的均衡增长解的相对稳定性：

$$z(t) = Az(t - 1)$$

其中 A 稳定，且 $z(0) \geq 0^n$ 。作为体系的一个特解， $z(t) = A^t z(0)$ ，有下式成立：

$$\lim_{t \to \infty} \frac{z(t)}{(\rho^*)^t} = A^* z(0)$$

以下的引理也很常用。

引理 7 令 $x \in \mathbb{R}^m, y \in {}^m\mathbb{R}$ 。则有以下两式成立（Murata，1977b，pp. 140 - 142）：

（i）$|I - xy| = 1 - yx$;

（ii）$yx < 1$ 等价于 $(I - xy)^{-1} \geqslant 0$ 。

2. 长方形矩阵的方程体系和广义逆

下面举出线性方程体系相容性（可解性）的充要条件。

引理 8　方程体系

$$Ax = b$$

对于 x 是可解的，当且仅当

$$\text{rank } A = \text{rank } (A, b)$$

广义逆与长方形矩阵的方程体系有关。

定义　令 A 为 $m \times n$ 阶矩阵。若一个 $n \times m$ 阶的矩阵 X 满足：

$$AXA = A$$

则称 X 为 A 的广义逆，记为 $X = A^-$ 。

引理 9　$\{X \mid AXA = A\} = \varnothing$ 。

注意 A^- 一般不是唯一的，标记符号 $A^- \geqslant 0$ 意为至少存在一个 A 的广义逆是非负的。若 A 为非奇异正方形矩阵，则 A^- 约化为 A^{-1} 。

引理 10　（i）方程体系

$$Ax = b$$

是相容的，当且仅当存在一个 A^- 满足：

$$AA^- b = b$$

此种情况下的一般解可表示为：

$$x = A^- b + (I - A^- A)u$$

其中，u 为一个任意的 m 列向量。

（ii）矩阵 X 为 A 的广义逆，当且仅当满足 $Ax = b$ 的所有的 b 可解，$x = Xb$ 是一个解。

引理 11 （i）$AA^- B = B$ 等价于 $R(B) \subset R(A)$。

（ii）令 A 为 $m \times n$ 阶矩阵，$AA^- = I$，当且仅当 $\mathrm{rank}\, A = m$。

引理 12 令 $Z = A + B$。若 $R(B) \subset R(A)$ 且 $|I + A^- B| = 0$，则 $(I + A^- B)^{-1} A^- \in \{X \mid ZXZ = Z\}$。

证明：

因为 $R(B) \subseteq R(A)$，则有 $AA^- B = B$；因此，Z 可写为：

$$Z = A(I + A^- B)$$

由 $|I + A^- B| = \varnothing$，可定义：

$$X = (I + A^- B)^{-1} A^-$$

则有：

$$
\begin{aligned}
ZXZ &= A(I + A^- B)(I + A^- B)^{-1} A^- (A + B) \\
&= AA^- A + AA^- B \\
&= Z \qquad\qquad\qquad\qquad\qquad \text{（证毕）}
\end{aligned}
$$

3. 不等式体系

令 A 为 $m \times n$ 阶矩阵。

引理 13 （Stiemke 定理）存在 $x > 0^n$ 满足 $Ax = 0^m$，当且仅当 $\{p \mid pA \geqslant 0_n\} = \varnothing$。

引理 14 （Minkowski – Farkas 引理）存在 $x \geqslant 0^n$ 满足 $Ax = b$，当且仅当 $pA \geqslant 0_n \Rightarrow pb \geqslant 0$。

需要注意的是，这可应用于有非负解的不等式：

$$Ax \leqslant b$$

实际上，令 $k = b - Ax$，则不等式体系可转化为等式体系：

$$(A, I) \begin{pmatrix} x \\ k \end{pmatrix} = b$$

拥有线性目标函数的不等式体系称为线性规划问题。即：

$$\text{Max} \{ cx \mid Ax \leqslant b, x \geqslant 0^n \}$$

它总是伴随有如下的对偶问题：

$$\text{Min} \{ yb \mid yA \geqslant c, y \geqslant 0_m \}$$

可定义：

$$X = \{ x \mid Ax \leqslant b, x \geqslant 0^n \}$$
$$Y = \{ y \mid yA \geqslant c, y \geqslant 0_m \}$$

若 $X = \varnothing$，则可以说最大化问题是可行的。这同样适用于最小化问题和 Y。

引理 15　（i）若上述两个问题是可行的，则二者都有最优解：对于 $\forall x \in X$ 和 $\forall y \in Z$，$X \neq \varnothing$ 和 $Y \neq \varnothing$ 意味着 $\exists x^\circ \in X$，$y^\circ \in Y$，满足 $cx^\circ \geqslant cx$，$y^\circ b \leqslant yb$。

（ii）（对偶定理）$cx^\circ = y^\circ b$。

引理 16　若最大化（最小化）问题是可行的，而且目标函数是有上（下）界的，则对偶问题有可行解：$X = \varnothing, cx < +\infty, x \in X \Rightarrow Y = \varnothing$。（$Y = \varnothing, yb > -\infty, y \in Y \Rightarrow X = \varnothing$。）

引理 17　最大化问题有最优解，当且仅当对偶问题有最优解。

4. 其他

引理 18 令 $y = f(x)$, $x >^m \mathbb{R}_+$, $y \in \mathbb{R}^1$ ，如满足：

$$y \text{ 是可偏微的}, \frac{\partial f}{\partial x_j} > 0 \text{ ,且 } y \geqq 0 \qquad\qquad (\ast)$$

$$x_1 : x_2 : \cdots : x_m \text{ 是不变的} \qquad\qquad (\ast\ast)$$

则有：

$$\frac{y}{x_j} \gtreqqless \frac{\partial y}{\partial x_j}$$

以及

$$\frac{y}{z} \gtreqqless \frac{\partial y}{\partial z}$$

其中，$z = ux$, $u > 0_n$ ，随 $ty \gtreqqless f(tx)$, $t > 1$ 或 $ty \gtreqqless f(tx)$, $0 < t < 1$ 中不等号方向而定。

证明：

因为 x 满足式（$\ast\ast$），y 可约化为一个变量的函数。无损一般性，可视 y 为 x_1 的函数。这足以证明 $y = f(x_1)$ 情况下的命题。

现在，假设 $ty > f(x_1)$, $t > 1$ 。令：

$$tx_1 = x_1 + \Delta x_1$$

则 $t \to 1$ 等价于 $\Delta x_1 \to 0$ 。令：

$$\Delta y = f(x_1 + \Delta x_1) - f(x_1)$$

则可得出：

$$\frac{\Delta y}{\Delta x_1} - \frac{y_1}{x_1} = \frac{x_1 f(x_1 + \Delta x_1) - x_1 f(x_1) - \Delta x_1 f(x_1)}{x_1 \Delta x_1}$$

$$< \frac{tx_1 f(x_1) - x_1 f(x_1) - \Delta x_1 f(x_1)}{x_1 \Delta x_1} = 0$$

因此，假定 $\Delta x_1 \to 0$ ，即有：

$$\frac{\mathrm{d}y}{\mathrm{d}x_1} - \frac{y}{x_1} < 0 \qquad\qquad (\ast\ast\ast)$$

第一个结果的其他情况可同理得证。

同样，z 是 x_1 的连续函数，因此 x_1 亦为 z 的连续函数。于是，可视 y 为 z 的连续函数。微分 $z = ux$ ，即可得：

$$\frac{\mathrm{d}z}{\mathrm{d}x_1} = u_1 + u_2 \frac{x_2}{x_1} + \cdots + u_n \frac{x_n}{x_1} = 常数$$

这与式 （ $\ast\ast\ast$ ） 就内含第二个结果。 （证毕）

上述命题的详细证明，可参照克莱恩 （Klein，1973） 和村田 （Murata，1977a，1977b） 以及二阶堂副包 （Nikaido，1968） 等。

参考文献

Abraham-Frois, G. , Berrebi, E. (1979). *Theory of Value, Prices and Accumulation*, Cambridge University Press.

Akyüz, Y. (1976). "A note on the Marxian transformation problem and income distribution," *Australian Economic Papers* 16 (1), pp. 96 – 108.

Baumol, W. (1974a). "The transformation of values: what Marx 'really' meant (An interpretation)," *Journal of Economic Literature* 12 (1), pp. 51 – 62.

Baumol, W. (1974b). "Comment," *Journal of Economic Literature* 12 (1), pp. 74 – 75.

Blakley, G. , Gossling, W. F. (1967). "The existence, uniqueness and stability of the standard system," *Review of Economic Studies* 34 (4), pp. 417 – 431.

Blaug, M. (1974). *The Cambridge Revolution: Success on Failure?* I. E. A.

Blundell-Wignall, A. (1976). "On exposing the transformation problem," *Australian Economic Papers* 16 (3), pp. 277 – 288.

Böhm-Bawerk, E. von. (1896). *Zum Abschluss des Marxschen Systems*, in Sweezy (1942).

Bortkiewicz, L. (1907). "Zur Berichtigung der grundlegenden theoretischen Konstruktion von Marx im dritten band des Kapital," *Jahrbücher für Nationalokonomie und Statistik* 34 (3), pp. 319 – 335. in Sweezy (1949).

Bowles, S., Gintis, H. (1977). "The Marxian theory of value and heterogeneous labour: a critique and reformulation," *Cambridge Journal of Economics* 2 (1), pp. 173 – 192.

Bowles, S., Ginits, H. (1978). "Prof. Morishima on heterogeneous labour and Marxian value theory," *Cambridge Journal of Economics* 2 (3), pp. 311 – 314.

Brody, A. (1970). *Proportions, Prices and Planning—A Mathematical Restatement of the Labour Theory of Value*, North-Holland.

Broome, J. (1977). "Sraffa's standard commodity," *Australian Economic Papers* 17 (3), pp. 231 – 236.

Bruckman, G., Weber, W. (eds.) (1971). *Contributions to the von Neumann Growth Model*, Supplement 1 to *Zeitschrift für Nationalokonomie*.

Burmeister, E. (1968). "On a theorem of Sraffa," *Economica* 80, pp. 83 – 87.

Burmeister, E., Kuga, K. (1970). "The factor-price frontier, duality and joint-production," *Review of Economic Studies* 37, pp. 11 – 19.

Cheok, A., Davis, K., Harcourt, G. C., Maden, P. (1976). "Surplus value, profits and joint-production: Marx vindicated," (mimeographed).

Desai, M. (1979). *Marxian Economics*, Blackwell.

Dobb, M. (1955). *On Economic Theory and Socialism*, Routlege and Kegan Paul.

Dobb, M. (1970). "The Sraffa system and critique of the neo-classical theory of distribution," *De Economist* 143, pp. 347 – 362, also in Hunt and Schwartz (1972), pp. 205 – 221.

Dobb, M. (1973). *Theories of Value and Distribution Since Adam Smith*, Cambridge University Press.

Eatwall, J. (1975). "Mr. Sraffa's standard commodity and the rate of exploitation," *Quarterly Journal of Economics* 89 (4), pp. 543 – 555.

Engels, F. (1895/96). "The role played by labour in the transition from ape to man," in Marx, K., Engels, F., *Selected Works* Ⅲ, pp. 66 – 77.

Fujimori, Y. (1974). "Dynamic inter-sectoral balance models and Marx's scheme of reproduction," *Economia* 51, pp. 47 – 71.

Fujimori, Y. (1978). "The fundamental Marxian theorem with heterogeneous labour," *Economic Studies Quarterly* 29 (3), pp. 282 – 286.

Fujimori, Y. (1979). "Outputs, values and prices in joint-production," *Economia* 64, pp. 61 – 87.

Fujimori, Y. (1980). "Sraffa in the light of Marx," *Josai*

Bulletin of Economics 3 (1), pp. 61 – 73.

Fujimori, Y. (1981a). "Formation of the Leontief core and the concept of pseudo-value," *Josai Bulletin of Economics* 4 (1), pp. 15 – 24.

Fujimori, Y. (1981b). "Theory of value and joint-production," *Economic Studies Quarterly* 32 (2), pp. 156 – 165.

Fujimoto, T. (1979). "A comment on Takeda's note," *Economic Studies Quarterly* 30 (3), pp. 266 – 268.

Gale, D. (1960). *The Theory of Linear Economic Models*, McGrawHill.

Harcourt, G. C. (1972). *Some Cambridge Controversies in the Theory of Capital*, Cambridge University Press.

Heertje, A. (1972). "An essay on Marxian economics," *Schweizerische Zeitschrift für Volkswirtschaft und Statistik* 108, pp. 33 – 45, also in Howard and King (1976), pp. 219 – 232.

Heertje, A., Furth, D., Van Der Veen, R. J. (1978). "On Marx's theory of unemployment," *Oxford Economic Papers* 30 (2), pp. 263 – 276.

Hilferding, R. (1904). *Böhm-Bawerk's Marx-Kritik*, in Sweezy (1942).

Hollander, H. (1978). "A note on heterogeneous labour and exploitation," *Discussions Beiträge zur politischen Ökonomie* (14).

Hollander, H. (1979). "What remains of the labour theory of value? An axiomatic approach to Marxian exploitation theory," (mimeographed).

Howard, M. C., King, J. E. (1975). *The Political Economy of Marx*, Longman.

Howard, M. C., King, J. E. (1976). *The Economics of Marx*, Penguin.

Hunt, E., Schwartz, J. G. (eds.) (1972). *A Critique of Economic Theory*, Penguin.

Klein, E. (1973). *Mathematical Methods in Theoretical Economics*, Academic Press.

Koopmans, T. C. (1951). "Analysis of production as an efficient combination of activities," in Koopmans, T. C. (ed.) *Activity Analysis of Production and Allocation*, Yale University Press, pp. 33 – 97.

Koshimura, S. (1956). *Theory of Reproduction* (in Japanese), Toyo Keizai Shinpo Sha.

Koshimura, S. (1967). *Theory of Crises and Waves* (in Japanese), Shunju Sha.

Koshimura, S. (1975). *Theory of Capital Reproduction and Accumulation*, DPG Publisher.

Krause, U. (1981). "Heterogeneous labour and the fundamental Marxian theorem," *Review of Economic Studies* 48, pp. 173 – 178.

Krause, U. (1981). "Marxian inequalities in a von Neumann setting," *Zeitschrift für Nationalokonomie* 41 (1/2), pp. 59 – 67.

Kurz, H. (1978). "Rent theory in a multi-sectoral model," *Oxford Economic Papers* 30 (1), pp. 16 – 37.

Kurz, H. (1979). "Sraffa after Marx," *Australian Economic Papers* 18 (1), pp. 52 – 70.

Lancaster, K. (1968). *Mathematical Economics*, Macmillan.

Lange, O. (1963/71). *Political Economy* I, II, Perqamon.

Lange, O. (1969). *Theory of Reproduction and Accumulation*, Pergamon Press.

Marx, K. (1965/67/59). *Capital* I, II, III, Progress Publisher.

Marx, K., Engels, F. (1969/69/70). *Selected Works* I, II, III, Progress Publisher.

Medio, A. (1972). "Profit and surplus value: appearance and reality in capitalist production," in Hunt and Schwartz (1972), pp. 312 – 346.

Meek, R. L. (1956). *Studies in the Labour Theory of Value*, Lawrence & Wishart.

Meek, R. L. (1967). *Economics and Ideology and Other Essays: Studies in the Development of Economic Thought*, Chapman & Hall.

Morishima, M. (1964). *Equilibrium, Stability and Growth*, Oxford University Press.

Morishima, M. (1969). *Theory of Economic Growth*, Oxford University Press.

Morishima, M. (1971). "Consumption-investment frontier and the von Neumann growth equilibrium," in Bruckman and Weber (1971), pp. 31 – 38.

Morishima, M. (1973). *Marx's Economics—A Dual Theory of Value and Growth*, Cambridge University Press.

Morishima, M. (1974a). "Marx in the light of modern economic theory," *Econometrica* 42, pp. 611 – 632.

Morishima, M. (1974b). "The fundamental Marxian theorem: a reply to Samuelson," *Journal of Economic Literature* 12 (1), pp. 71 – 74.

Morishima, M. (1974c). "Marx's economics: a comment on C. C. Weizsäcker's article," *Economic Journal* 84, pp. 387 – 391.

Morishima, M. (1976a). "Positive profits with negative surplus value: a comment," *Economic Journal* 86, pp. 599 – 603.

Morishima, M. (1976b). "Marx from a von Neumann viewpoint," in Brown S. et al. (eds.), *Essays in Modern Capital Theory*, North-Holland, pp. 239 – 369.

Morishima, M. (1978). "S. Bowles and H. Gintis on the Marxian theory of value and heterogeneous labour," *Cambridge Journal of Economics* 2 (3), pp. 305 – 309.

Morishima, M., Catephores, G. (1978). *Value, Exploitation and Growth*, McGrawHill.

Morishima, M., Seton, F. (1961). "Aggregation in Leontief matrices and the labour theory of value," *Econometrica* 29, pp. 203 – 220.

Möschlin, O. (1974). *Zur Theorie von Neumannscher Wachstumsmodelle*, Springer.

Murata, Y. (1977a). *Mathematics for Stability and Optimization of Economic Systems*, Academic Press.

Murata, Y. (1977b). "Fundamental Marxian theorem in case of multiple activities," *Metroeconomica* 29, pp. 137 – 148.

Murata, Y. (1977c). "Prices, rates of profits and dual stability in Leontief systems," *Economic Studies Quarterly* 28（2）, pp. 142 – 154.

Neumann, J. van. （1945/46）. "A model of general economic equilibrium," *Review of Economic Studies* 13, pp. 1 – 9.

Newmann, P. （1962）. "A critique of Piero Sraffa, *Production of Commodity by Means of Commodities*," *Schweizerische Zeitschrift für Volkswirtschaft und Statistik* 98, pp. 58 – 75, also in Schwartz（1977）, pp. 346 – 362.

Nikaido, F. （1968）. *Convex Structures of Economic Theory*, Academic Press.

Nobuta, T. （1977）. "Sraffa and the structure of the invariable measure of value," *Review of Takushoku University* 112, pp. 81 – 140.

Nuti, D. M. （1977）. "The transformation of labour values into production prices and the Marxian theory of exploitation," in Schwartz （1977）, pp. 88 – 105.

Okishio, N. （1957）. *Theory of Reproduction* （in Japanese）, Sobun Sha.

Okishio, N. （1963）. "A mathematical note on Marxian theorems," *Weltwirtschaftliches Archiv* 91（2）, pp. 287 – 299.

Okishio, N. （1965）. *Fundamental Theory of Capitalist Economy* （in Japanese）, Sobun Sha.

Okishio, N. （1974）. "Value and production price," *Kobe University Economic Review* 20, pp. 1 – 19.

Okishio, N. （1975）. "Fixed capital and extended reproduction," *Kobe University Economic Review* 21, pp. 11 – 27.

Okishio, N. (1976a). *Theory of Accumulation* (in Japanese), 2nd ed., Chikuma Shobo.

Okishio, N. (1976b). "Marxian fundamental theorem—Joint production case," *Kobe University Economics Review* 22, pp. 1 – 11.

Okishio, N. (1977a). *Marx's Economics—Theory of Value and Price* (in Japanese), Chikuma Shobo.

Okishio, N. (1977b). *Modern Economics* (in Japanese), Chikuma Shobo.

Okishio, N., Nakatani, T. (1975). "Profit and surplus labour: considering the existence of the durable equipments," (in Japanese), *Economic Studies Quarterly* 26 (2), pp. 90 – 96.

Pasinetti, L. L. (1977). *Lectures on the Theory of Production*, Macmillan.

Pasinetti, L. L. (ed.) (1980). *Essays on the Theory of Joint-Production*, Macmillan.

Ricardo, D. (1951). *On the Principles of Political Economy and Taxation* (P. Sraffa ed.), Cambridge University Press.

Robinson, J., Eatwell, J. (1973). *An Introduction to Modern Economics*, MacGraw Hill.

Roncaglia, A. (1977). "Sraffa and price theory—an interpretation," in Schwartz (1977), pp. 371 – 380.

Roncaglia, A. (1978). *Sraffa and the Theory of Prices*, John Wiley & Sons.

Rowthorn, B. (1974). "Komplizierte arbeit im Marxschen system," in Nutzinger-Wolfstetter (Hrsg.), *Die Marxsche Theorie und*

Ihre Kritik Ⅱ , Herder & Herder, pp. 129 – 163.

Rowthorn, B. (1980). *Capitalism, Conflict and Inflation*, Lawrence & Wishart.

Rubin, I. I. (1972). *Essays on Marx's Theory of Value*, Black & Red.

Samuelson, P. A. (1957). " Wages and interest: a modern dissection of Marxian economic models," *American Economic Review* 47 , pp. 884 – 912.

Samuelson, P. A. (1970). "The ' transformation ' from Marxian ' value ' to competitive ' prices ': a process of rejection and replacement," *Proceedings of the National Academy of Sciences* 67 (1), pp. 423 – 425.

Samuelson, P. A. (1971). "Understanding the Marxian notion of exploitation: a summary of the so-called transformation problem between Marxian values and competitive prices," *Journal of Economic Literature* 9 (2), pp. 399 – 431.

Samuelson, P. A. (1974a). "Insight and detour in the theory of exploitation: a reply to Baumol," *Journal of Economic Literature* 12 (1), pp. 62 – 70.

Samuelson, P. A. (1974b). " Rejoinder: Merlin unclothed, a final word," *Journal of Economic Literature* 12 (1), pp. 75 – 77.

Schaik, T. Van. (1976). *Reproduction and Fixed Capital*, Tilburg University Press.

Schefold, B. (1980). "Von Neumann and Sraffa: mathematical equivalence and conceptual difference," *Economic Journal* 90 , pp.

140 – 156.

Schwartz, J. G. (ed.) (1977). *The Subtle Anatomy of Capitalism*, Goodyear.

Sekine, T. (1979). *The Dialectic of Capital* II , York University Press.

Seton, F. (1957). "The 'transformation' problem," *Review of Economic Studies* 25, pp. 140 – 169, also in Howard and King (1976), pp. 161 – 176.

Shaikh, A. (1974). "Marx's theory of value and the so-called transformation problem," in Schwartz (1977), pp. 106 – 139.

Shiozawa, Y. (1975). "Durable capital goods and their valuation," KIER 091 (Kyoto).

Shiozawa, Y. (1976). "Okishio's Marxian theorem generalized," KIER 096.

Sraffa, P. (1960). *Production of Commodities by Means of Commodities—Prelude to a Critique of Economic Theory*, Cambridge University Press.

Steedman, I. (1975). "Positive profits with negative surplus value," *Economic Journal* 85, pp. 114 – 123.

Steedman, I. (1976a). "Positive profits with negative surplus value: a reply to Morishima," *Economic Journal* 86, pp. 604 – 606.

Steedman, I. (1976b). "Positive profits with negative surplus value: a reply to Wolfstetter," *Economic Journal* 86, pp. 873 – 876.

Steedman, I. (1977). *Marx after Sraffa*, New Left Book.

Steedman, I. , Hodgson, G. (1977). "Depreciation of machines of changing efficiency: a note," *Australian Economic Papers* 17 (1), pp. 141 – 147.

Sweezy, P. M. (1942). *The Theory of Capitalist Development*, Monthly Review Press.

Sweezy, P. M. (1949). *Karl Marx and the Close of His System & Böhm-Bawerk's Criticism of Marx*, Augustus M. Kelly.

Takeda, S. (1978). "A note on the fundamental Marxian theorem," *Economic Studies Quarterly* 29 (1), pp. 67 – 76.

Weizsäcker, C. C. van. (1973). "Morishima on Marx," *Economic Journal* 83, pp. 1245 – 1254.

Weizsäcker, C. C. van., Samuelson, P. A. (1971). "A new labour theory of value for rational planning through use of the bourgeois profit rate," *Proceedings of the National Academy of Sciences* 68 (6), pp. 1192 – 1194.

Wolfstetter, E. (1973). "Surplus labour, synchronized labour costs, and Marx's labour theory of value," *Economic Journal* 83, pp. 787 – 809.

Wolfstetter, E. (1976). "Positive profits with negative surplus value: a comment," *Economic Journal* 86, pp. 864 – 872.

图书在版编目（CIP）数据

价值理论的现代分析／（日）藤森赖明著；陈旸，
李帮喜，赵峰译． -- 北京：社会科学文献出版社，
2021.8（2022.8 重印）
　（清华·政治经济学研究丛书）
　ISBN 978 - 7 - 5201 - 8008 - 5

　Ⅰ.①价…　Ⅱ.①藤…　②陈…　③李…　④赵…　Ⅲ.
①马克思主义政治经济学 - 价值论 - 研究　Ⅳ.
①F014.31

　中国版本图书馆 CIP 数据核字（2021）第 032192 号

清华·政治经济学研究丛书
价值理论的现代分析

著　　者／〔日〕藤森赖明
译　　者／陈　旸　李帮喜　赵　峰
校　　者／张　衔

出 版 人／王利民
组稿编辑／陈凤玲
责任编辑／田　康
责任印制／王京美

出　　版／社会科学文献出版社·经济与管理分社（010）59367226
　　　　　　地址：北京市北三环中路甲 29 号院华龙大厦　邮编：100029
　　　　　　网址：www.ssap.com.cn
发　　行／社会科学文献出版社（010）59367028
印　　装／北京虎彩文化传播有限公司

规　　格／开本：787mm × 1092mm　1/16
　　　　　　印 张：13.75　字 数：165 千字
版　　次／2021 年 8 月第 1 版　2022 年 8 月第 2 次印刷
书　　号／ISBN 978 - 7 - 5201 - 8008 - 5
定　　价／98.00 元

读者服务电话：4008918866